KB182125

8step 으로 완성하는

스피치 트레이닝

스텝별로 차근차근 따라하며 완성하는 스피치

8 Step으로 완성하는
스피치 트레이닝

개정1판 1쇄 발행일	2023년 03월 21일
초 판 발 행	2017년 11월 14일
발 행 인	박영일
책 임 편 집	이해욱
저 자	배윤희
편 집 진 행	이소영
표지디자인	박수영
편집디자인	신해니
발 행 처	시대인
공 급 처	(주)시대고시기획
출 판 등 록	제 10-1521호
주 소	서울시 마포구 큰우물로 75 [도화동 538 성지 B/D] 6F
전 화	1600-3600
홈 페 이 지	www.sdedu.co.kr

I S B N	979-11-383-4357-2(03190)
정 가	17,000원

※이 책은 저작권법에 의해 보호를 받는 저작물이므로, 동영상 제작 및 무단전재와 복제, 상업적 이용을 금합니다.
※이 책의 전부 또는 일부 내용을 이용하려면 반드시 저작권자와 (주)시대고시기획 · 시대인의 동의를 받아야 합니다.
※잘못된 책은 구입하신 서점에서 바꾸어 드립니다.

시대인은 종합교육그룹 (주)시대고시기획 · 시대교육의 단행본 브랜드입니다.

프롤로그

악기를 배우고, 운동하듯이 스피치도 훈련입니다.

몇십 년을 이렇게 살았는데 달라질 수 있을까요?

"정말 바뀔 수 있을까요?", "짧은 시간에 고쳐지나요?", "저 같은 케이스도 있나요?"
불안한 눈빛과 자신감 없는 목소리, 의심하는 표정과 함께 스피치 아카데미를 찾는 분들이 제게 가장 많이 하는 질문입니다.

이 책을 읽고 있는 여러분도 아마 같은 생각이시죠?
이렇게 묻는 분들에게 저는 이래도 되나 싶을 정도로 단호하고 명쾌하게 답합니다.
"네! 달라집니다.", "고칠 수 있어요.", "믿고 따라오세요."
그 뒤에 숨어있는 변화하고 싶은 마음을 잘 알고 있기 때문이죠.

이제 더 이상 겸손과 침묵이 미덕인 시대는 지났습니다.
생각만큼이나 표현이 중요한 시대가 되었죠. 말 한마디로 사람을 평가하는 현재의 이러한 세태를 꼬집으며 '오래 봐야 보이는 것들'이라는 제목의 책도 나오고, '오래 봐야 예쁘다'라는 시 구절도 주목을 끈 게 아닐까요?

표현이 대세인 시대에서 스피치는 또 하나의 경쟁력이 됐습니다. 그렇기에 어눌한 말솜씨는 자신의 능력을 평가 절하시키기도 하고, 부족한 리더로 낙인찍히게도 합니다. 저는 스피치가 어렵거나 부담스러운 분들이 얼마나 많은 기회를 놓쳐왔는지 잘 알고 있습니다. 그리고 스피치를 잘하고 싶은 마음, 그 간절함 또한 잘 알고 있습니다. 하지만 안타까운 것은 간절함만 있지 노력을 하지 않고, 말을 잘하는 사람들의 노력 또한 보려고 하지 않는다는 것입니다. 그저 '말을 잘하고 싶다'고 생각만 하거나 '저 사람은 타고났네'라며 부러운 눈빛으로 바라보기만 하죠.

요즘은 명연사, 명강사들이 참 많습니다. 비단 TV 속뿐만 아니라 우리 주변만 돌아봐도 누나, 선배, 동료, 후배, 친구, 남편 등 말 잘하는 사람들이 참 많죠.
"우리 와이프는 정말 말을 잘해요. 그래서 제가 말로 이길 수가 없어요."
"후배들 보면 자신감 있게 발표를 잘 하더라고요. 나도 좀만 어렸으면 더 잘 말할 수 있을텐데… 부러워요."

그런데 정말 그들은 타고 났을까요? 물론 타고난 사람도 있겠지만, 우리가 생각한 '타고남' 역시도 어렸을 적 부모님의 성향, 집안 분위기, 친구의 영향, 교육의 정도 등에 의해 만들어진 것입니다.

실제로 스피치에 자신 없어 하는 분들과 이야기를 나누다 보면 어린 시절 엄격하신 부모님의 영향으로 혼나는 것이 두려워 말을 최대한 아꼈다거나, 어린 시절부터 사람들의 집중을 많이 받아 항상 다른 사람의 기대에 부응해야 한다는 강박관념 때문에 오히려 말하는 것이 부담이 된다는 분도 있었습니다. 또, 대학생 때는 활발한 성격으로 발표도 잘했는데, 직장 상사에게 크게 혼이 난 이후로 스피치에 자신감이 없어졌다는 분도 계셨습니다. 이처럼 스피치 성향은 외부 환경에 의해 만들어진 것이라고 할 수 있습니다.

명연사나 유명 강사들은 단 한 번의 강의를 위해 많은 준비와 철저한 리허설을 합니다. 철저한 준비로 하나의 강의안을 잘 구성해서 여러 번 활용하죠. 이러한 과정을 통해 자신이 말하고자 하는 내용에 대한 확신을 갖고 '이 주제에 대해서는 나만큼 잘 아는 사람은 없을거야'라는 생각이 들 정도의 연습을 통해 자신감이 생기게 되는 것이죠. 그리고 여러 번의 스피치를 통해 청중의 웃음 포인트, 질문이 나올 대목 등을 잘 알게 된 것입니다.

모든 것을 꿰뚫으며 스피치를 하는 모습은 청중 입장에서는 매우 여유 있고, 자신감 넘치게 보일 것입니다. 그들의 '노력'은 보지 않은 채 무대 위에서의 단편적인 모습만 보며 '타고 났네' 하며 부러워하는 것이죠.

지금 주변에 말 잘하는 선배, 상사에게 "처음부터 스피치를 잘 하셨어요?"라고 물어보세요. 그러면 "나도 처음에는 많이 떨렸어.", "나는 원래 말을 좋아하는 사람이 아니었어."라는 대답을 듣게 될 것입니다. 그리고 "그런데, 여러 번 하다 보니 나아지더라고. 너도 많이 연습해봐." 이런 조언이 뒤따르게 될 것입니다.

우리는 다가오는 여름에 대비해 헬스 트레이닝을 받기도 하고, 노래방에서 주목받기 위해 보컬 트레이닝을 받기도 합니다. 이처럼 스피치도 트레이닝을 통해 누구나 실력을 향상시킬 수 있습니다. 더 정확하게 말하면, 스피치에 대한 부담을 떨칠 수 있습니다. 그 누구도 처음부터 말을 잘 하는 사람은 없습니다. 모두 연습과 훈련, 경험으로 만들어진 것이지요.

그렇다면, 지금부터 성공적인 스피치 여행을 시작해 보겠습니다.

여러분은 여행할 때 목적지를 정하고 떠나시죠? 물론 발길 따라 가는 여행이 의외의 장소를 발견할 수 있고, 시행착오를 통해 기억에 오래 남는 추억을 만들기도 합니다. 하지만 대다수는 정해진 시간을 알차게 보내기 위해 목적지를 정합니다. 뿐만 아니라 어디서 출발할지, 누구와 갈지, 어디를 관광할지 등 치밀한 계획을 세우죠.

스피치도 마찬가지입니다. 만약 누군가가 여러분에게 "하고 싶은 이야기를 오늘 하루 종일 하세요."라고 한다면 우리는 목적 없이 생각나는 대로, 떠오르는 대로 이 이야기, 저 이야기 하면 됩니다. 가끔은 우리가 흔히 말하는 삼천포로 빠져도 되고, 말을 하다 길을 잃어도 상관없습니다. 왜냐하면 만회할 시간이 충분하기 때문이죠.

하지만, 1분 자기소개, 10분 프레젠테이션, 면접시간 30분, 강연 1시간 등 스피치에는 제한시간이 전제합니다. 그렇기 때문에 주어진 시간 동안 여러분의 이야기를 청중에게 효과적으로 전달하기 위해서는 최종적으로 무엇을 말하려고 하는 지 목적을 선명하게 가지고 있어야 합니다.

예를 들어, 처음 만나 자기소개를 하는 시간이라고 가정해보겠습니다. 발표자 김철수 씨는 '뭐부터 말하지? 반갑다고 말하고 시작해야겠다.'라고 생각하며 무대에 섭니다. 마치 어디서 출발할지만 생각하고 여행을 시작하는 것처럼 말이죠. 하지만 발표자 이민지 씨는 '나는 나를 취미로 소개해야겠다.'라고 목적을 명확히 설정한 뒤 무대에 섭니다. 과연, 철수 씨와 민지 씨 두 사람은 준비한 대로 자기소개를 잘 끝마칠 수 있을까요?

시작은 두 사람 모두 준비한 대로 잘 흘러갑니다. 그런데 갑자기 청중 중 누군가의 핸드폰 벨소리가 울립니다. 모두의 집중력이 흐려지는 순간, 발표자들 역시 스피치 흐름이 깨지겠죠. 이민지 씨는 순간 머릿속이 흐릿해졌지만, 취미로 자기소개하려고 했던 목적을 상기시키며 주제에서 벗어나지 않고 스피치를 순조롭게 다시 이어나갑니다. 하지만, 출발만 생각했던 김철수 씨는 떠올릴 목적지가 없기에 머릿속이 하얘진 상태에서 눈앞이 캄캄해짐을 느끼고 생각나는 대로 대충 마무리해버립니다. 과연 누가 더 만족할 만한 스피치를 했을까요?

이처럼 스피치 상황에 변수는 항상 있기 마련입니다. 그럴 때 자신의 이야기에 다시 집중하기 위해서는 말하고자 하는 바가 명확해야 합니다. 그래야만 발표 불안도 극복할 수 있고, 스피치에 대한 자신감도 커질 수 있습니다. 스피치를 해야 하는 상황에서 긴장하지 않는 사람은 없습니다. 다만, 긴장되는 상황에서도 막힘없이 말을 할 수 있는 사람은 그 짧은 찰나에 무엇을 말할까를 선명하게 구성한다는 사실이고, 그 모습에 청중은 여유를 느끼는 것뿐입니다.

목적지 없는 여행이 마냥 즐겁지 않듯이 목적 없는 스피치는 불안감만 키웁니다. 이 책에는 자신감 있게 스피치 할 수 있는 방법이 담겨있습니다. 제시되어 있는 8 Step으로 꾸준히 연습한다면 여러분도 목적지까지 차근차근 완주하는 자신감 있는 스피치를 경험할 수 있습니다.

그럼 지금부터 1 Step씩 시작해볼까요?

배윤희

목 차

발표불안
제대로 이해하기

발표불안
제대로 이해하기

: 누구나 발표할 때 긴장하지만, 그렇다고 모든 사람이 발표를 망치지는 않습니다.

준비하기

■ 프로불편러, 발표불안

최근 사이버 공간에서 불편하다는 말을 통해 다른 사람들의 동조를 이끌어내는 사람을 일컫는 신조어가 있습니다. 바로 '프로불편러'입니다. 전문적임을 뜻하는 'pro'와 불편하다의 '불편', ~하는 사람을 의미하는 접미사 'er'을 합친 단어입니다. 대표적인 표현으로는 "이거 나만 불편한가요?"가 있죠.

누군가가 "발표떨림, 저만 불편한가요?"라는 질문에 아마 대부분의 사람들은 "나도 사람들 앞에 나가서 발표하는 게 정말 싫어", "나도 정말 긴장돼"라고 대답할 것입니다. 다들 아시는 바와 같이, 발표를 앞두고 있다면 누구나 긴장하기 마련입니다. 물론 정도의 차이는 있겠지만 발표를 할 때 전혀 떨지 않는 사람은 없을 것입니다. 중요한 자리이고, 잘해야 하는 발표이기에 우리는 긴장을 할 수 밖에 없습니다.

이러한 떨림을 '목적 떨림'이라고 합니다. 예를 들어서 입구가 좁은 병에 물을 부을 때, '흘리지 말아야지'라고 생각하면 오히려 더 손이 떨리고 긴장되기 마련이죠. 이처럼 어떠한 목적을 달성해야 한다는 생각이 강해지면 우리의 몸은 여러분의 의지와 상관없이 긴장을 하게 됩니다. 따라서 스피치 역시 누군가 보고 있고, 평가 당한다는 생각을 하기 시작한다면 긴장감이 높아질 수밖에 없다는 것이죠. 그리고 그 떨림으로 인해 발표를 망친 경험도 있을 것입니다. 이러한 실패 경험은 트라우마처럼 기억 속에 박혀 쉽게 지워지지 않고, 비슷한 발표무대나 환경에 놓였을 때, 수면 위로 다시 떠오르게 됩니다.

'저번에도 떨려서 망쳤는데, 오늘 또 떨리네. 사람들이 눈치채기 전에 빨리 끝내야겠다.' 이렇게 실패했던 예전 발표경험이 오버랩 되면서 불안감은 증폭되고, 결국 이번에도 만족할 만한 스피치를 하지 못하고 중도 포기하게 됩니다. 1차 트라우마로 인해 2차 트라우마가 생기게 되는 악순환입니다.

그래서 우리는 임시방편으로 긴장을 완화시키는 약 사먹기, 다른 사람에게 발표 떠넘기기, 발표하는 자리에 참석하지 않기 등의 노력을 하지만 이러한 노력은 발표불안을 해소하는 것이 아닌 회피하는 미봉책에 불과합니다. 따라서 이러한 임시방편에 의존하기 보다는 근본적인 발표불안의 원인을 찾아 해소하는 것이 필요합니다. 발표불안에 대한 원인을 해결하지 않은 상태에서 무조건적으로 발표경험만 많이 쌓는다면 만족하지 못하는 경험만 많아지고 오히려 자신감이 더 떨어질 수 있습니다. 또한, 떨림 자체가 문제가 아니라 그 긴장감으로 인해 자신의 이야기에 집중을 하지 못해 발표를 망치는 것이기 때문에 발표불안의 근본적인 원인을 찾아 해소하지 않으면 불안감은 계속 반복되겠죠.

그렇다면 여러분의 발표불안은 어느 정도이며, 발표불안의 원인은 무엇인지 파악해 볼까요?

■ 나의 발표불안 지수 체크하기

항상 그렇다 3 / 자주 있다 2 / 가끔 있다 1 / 전혀 없다 0

항 목	3	2	1	0
1. 발표상황을 피하거나 미룬 적이 있다.				
2. 발표하기 며칠 전부터 스트레스를 받거나 불안감을 느낀 적이 있다.				
3. 발표할 때 호흡이 가쁘고, 목소리가 떨린 적이 있다.				
4. 발표할 때 내용을 잊어버려 머릿속이 하얘질까봐 걱정한 적이 있다.				
5. 나보다 유능한 사람들(나이/직급 등) 앞에서 발표할 때, 불안함을 느낀 적이 있다.				
6. 나의 발표를 다른 사람들이 지루해하거나 관심 없어한다고 생각한 적이 있다.				
7. 발표를 하면서 발표 결과에 대해 불안함을 느낀 적이 있다.				
8. 평소 스스로 발표를 잘 못한다고 생각한 적이 있다.				
9. 발표할 때 사람들이 나를 싫어할 것이라고 생각한 적이 있다.				
10. 청중의 수에 영향을 받는다.				
11. 발표할 때 내용에 집중하기 어려운 적이 있다.				
12. 발표할 때 얼굴이 붉어지거나 표정이 굳어진 적이 있다.				
13. 낯선 사람들 앞에서 발표할 때 불안함을 느낀 적이 있다.				

14. 나의 발표를 다른 사람들이 비웃을 것이라고 생각한 적이 있다.				
15. 나에게 청중이 싫어할 요소가 있다고 생각한 적이 있다.				
16. 발표할 때 당황한 적이 있다.				
17. 발표할 때 두서없이 말하거나 논리적으로 말하지 못한 적이 있다.				
18. 익숙한 사람들 앞에서 긴장한 적이 있다.				
19. 발표에 대해 공격당하거나 질책 받은 적이 있다.				
20. 발표할 때 심장이 심하게 두근거리고 손이 떨린 적이 있다.				
21. 내가 발표를 잘해도 청중은 잘못된 점을 발견할 것이라고 생각한 적이 있다.				
22. 발표를 시작한 후에도 불안감을 느낀 적이 있다.				
23. 발표 중에 긴장감이 커서 준비한 내용을 짧게 줄인 적이 있다.				
24. 청중이 나의 견해를 받아들이지 않을 것이라고 생각한 적이 있다.				
25. 발표하면서 창피함을 느끼거나 자존심이 상한 적이 있다.				

*피터데스버그의 D–M 무대공포증 진단 목록 응용

체크한 숫자를 모두 합한 것이 나의 발표불안 지수입니다. 다음을 보며 확인해보세요.

- 40 이상 : 발표불안이 매우 심한 상태로 전문가의 도움이 절실히 필요합니다.
- 30 ~ 39 : 발표불안이 심한 상태로 혼자의 노력으로 극복이 어려운 상황입니다. 전문가에게 상담을 받아보는 것을 추천합니다.
- 20 ~ 29 : 발표불안이 높은 편이지만, 노력으로 개선할 수 있는 정도입니다.
- 10 ~ 19 : 누구나 경험할 수 있는 평균 수준의 발표불안입니다.
- 0 ~ 9 : 발표불안이 거의 없습니다.

■ 스스로 발표불안 원인 진단하기

앞에서 발표불안 지수를 파악했다면, 이번에는 여러분의 발표불안이 왜 생기게 되었는지 근본적인 원인을 찾아보는 시간을 가져보겠습니다. 저희 스피치 아카데미에서 운영 중인 발표불안 클리닉 사례분석을 통해 직접 만든 진단지입니다.

과거 스피치 실패 경험, 청중에 대한 의식, 평소 대화 스타일, 나의 성격이라는 총 4가지 영역에서 발표불안 원인을 찾아보겠습니다.

마음을 열고, 생각을 떠올리며 진솔하게 적어보시기 바랍니다.

---

1. 경험

1-1. 스스로 실패했거나 망쳤다고 생각한 발표경험 하나만 작성해보세요.

_____

1-2. 떠올린 발표경험은 언제, 누구 앞에서, 어떤 목적을 가진 발표였나요?

_____

1-3. 위에서 말한 발표경험에서 스스로 생각했을 때 어느 정도로 긴장했나요?

예 손이 떨렸다, 가슴이 뛰었다, 목소리가 떨렸다. 등

_____

1-4. 위에서 말한 발표를 준비할 때, 어느 정도로 준비하셨나요?

예 준비를 하지 않았다, 대본을 써서 암기했다. 등

_____

2. 의식

2-1. 발표뿐만 아니라 노래 부르기 등과 같이 사람들의 시선이 집중되는 것이 두려우신가요?

_____

2-2. 무대에 선 나를 보며 청중들은 어떤 생각을 한다고 생각하시나요?

_____

2-3. 주변사람들의 시선을 의식한 계기가 있습니까?

예 어렸을 때부터 키가 커서 사람들이 자꾸 쳐다보는 것이 싫었다, 학창시절 선생님이 친구들 앞에
   서 창피를 주었다, 부모님이 강압적인 스타일이었다. 등

_____

2-4. 위에서 말한 계기로 발표를 하기 전부터 왠지 망칠 것 같은 두려움이 있나요?

_____

3. 대화유형

3-1. 평소 대화 스타일은 어떤 편인가요?

예 대화를 주도한다, 가만히 듣는 편이다, 할 말만 한다. 등

_____

3-2. 평소 감정표현을 잘하는 편인가요?

_____

3-3. 발표할 때, 나는 사람들로부터 어떤 모습으로 비춰지길 원하나요?

_____

3-4. 본인이 생각하는 말 잘하는 사람은 어떤 유형인가요?

_____

4. 성격

4-1. 본인이 바라보는 나의 성격의 장점과 단점은 무엇인가요?

_____

4-2. 다른 사람들이 평가하는 나의 성격의 장점과 단점은 무엇인가요?

_____

4-3. 위에서 적은 성격의 장, 단점이 스피치할 때 어떤 영향을 준다고 생각하나요?

_____

■ 발표불안 원인 · 결과 알아보기

1. 경험

진단지에 적은 실패경험은 스스로 못했다고 인정한 경험입니다. 최초의 실패일 수도 있고, 최악의 경험일 수도 있으며, 굴욕감이나 좌절감을 느낀 발표일 수도 있습니다. 이 경험을 시작으로 발표가 두려워졌을 가능성이 큽니다.

우리는 1-4. '발표를 준비할 때, 어느 정도로 준비하셨나요?'라는 문항에 주목해야 합니다. 발표불안을 유발하는 가장 큰 원인을 파악할 수 있는 내용이기 때문입니다. 예를 들어 내가 잘 아는 내용이기에 발표준비를 하지 않았다면 준비부족이 가장 큰 원인이며, 대본을 써서 달달 외웠다면 전반적인 흐름을 이해하지 않고 단어와 문장에만 신경을 써서 머릿속이 하얘졌을 가능성이 크기 때문입니다.

2. 의식

타인의 시선에 대해 어떤 생각을 갖는지 파악할 수 있는 진단지입니다. 발표뿐만 아니라 사람들의 집중을 받는 모든 상황 자체가 부담이 된다면, 발표불안만의 문제가 아님을 알 수 있습니다.

특히 2-2. '무대에 선 나를 보며 청중들은 어떤 생각을 한다고 생각하시나요?' 문항에 대한 답변을 통해 발표 시 불안감을 느끼게 하는 외부 요소를 알 수 있습니다. 예를 들어, 무뚝뚝한 표정의 청중을 보았을 때 순간 '내가 뭘 잘못하고 있나.' 하고 집중력이 흐트러질 수 있고, 하품하는 청중의 모습을 보며 '지루한가보다, 빨리 끝내야겠다.'라고 판단해버려 발표를 망쳤을 수도 있습니다.

3. 대화유형

평소 대화 습관이 그대로 스피치에 반영됩니다. 예를 들어 평소 말하는 것을 별로 좋아하지 않는 사람이라면, 스피치 무대도 달갑지 않을 것입니다. 대화를 할 때 사람들의 이야기를 잘 들어주는 사람은 자신의 생각을 적극적이고 구체적으로 이야기하기 어려울 수 있습니다. 또한, 평소 대화 시에도 타인의 관심사보다는 자신이 말하고자 하는 바에만 집중하는 스타일이라면, 스피치를 할 때도 청중과 공감대를 형성하는 것이 어려울 수 있겠죠.

3-3. '발표할 때, 나는 사람들로부터 어떤 모습으로 비춰지길 원하나요?' 문항은 결국 여러분이 바라는 말 잘하는 사람의 유형일 것이며, 현재 스스로 부족하다고 생각하는 점이 투영되었을 가능성이 큽니다.

4. 성격

스피치는 생각을 표현한 결과물이기에 성격을 알면 발표불안의 원인도 찾을 수 있습니다. 예를 들면, 지나치게 꼼꼼한 성격이라면 스피치를 할 때도 준비한 원고에서 빠트린 부분을 예민하게 생각하여 스피치의 만족도가 떨어질 수 있습니다. 또한, 형식적인 것을 싫어하는 성격이라면 원고를 준비하는 틀에 박힌 스피치를 거부하여 준비를 소홀히 할 가능성이 큽니다.

실전 트레이닝 발표불안, 오해 말고 이해하자

CASE STUDY 1. 스피치를 망치는 가장 큰 이유는 준비부족이다.

> 저는 40대 중반의 직장인입니다. 직급상 임직원 앞에서 격려사나 행사진행을 하는 자리가 많은데요. 한 번은 약 200명 앞에서 스피치를 하게 되었습니다. 잘하고 싶어 원고도 작성해서 연습도 많이 했는데, 행사 당일이 되어보니 생각보다 조명이 어두웠습니다. 밝은 곳에서 연습했을 때는 문제가 없었는데, 조명이 너무 어둡다보니 원고에 적힌 글씨 크기가 너무 작아 하나도 보이지 않았습니다. 순간 당황하게 되었고, 결국 즉석에서 생각나는 대로 이야기를 대충하고 내려왔습니다. 그리고 그 이후부터는 사람들 앞에만 서면 가슴이 두근거리는 발표불안을 경험하고 있습니다.

→ 이 경우는 자신이 생각한 발표상황과 다른 상황이 펼쳐진 것에 대해 두려움을 느껴 발표불안을 갖게 된 사례입니다. 분명 발표를 연습할 때는 준비한 원고를 자신 있게 읽었을 것입니다. 하지만 실제 발표상황에서는 예상치 못한 어두운 조명문제로 글씨가 보이지 않아 당황하게 되었고, 곧 발표를 망칠 수도 있다는 불안함으로 이어진 것입니다. 만약 이런 상황이 온다면 대부분 당황해서 대충 마무리하고 내려오는 경우가 많을 것입니다. 하지만 이런 상황이 발생한다면 여러분은 선택과 집중을 해야 합니다. '원고를 어떻게 해서든 읽어야겠다.'와 '원고를 버려야겠다.' 중 하나를 선택해야 하죠.

만약 원고를 읽어야겠다고 결정했다면 진행자에게 조명을 밝게 해달라고 요청한 후, 청중들에게 솔직하게 이야기 해야겠죠. "오늘 중요한 행사인만큼 원고를 열심히 준비했는데, 조명이 너무 어두워서 글씨가 잘 보이지 않네요. 조명을 조절했으니 다시 시작해보겠습니다. 양해 부탁드립니다."라고 말한 후 다시 준비한 원고에 집중을 해 이어나가야 합니다.

원고를 버리기로 결정했다면 준비한 모든 것을 소화하려는 욕심을 버리고 무난하게 스피치를 마무리해야 합니다. 마지막 8 Step에서 배울 행사의 축사나 격려사의 순서에 따라 참여해준 청중들에게 감사의 인사를 전한 뒤, 오늘 행사의 취지를 설명하고 당부의 말을 간결하게 전달하는 것으로 마무리 하면 됩니다. 이 부분은 뒤에서 다시 배워보도록 하겠습니다.

이처럼 빠른 선택과 집중을 통해 스피치의 위기를 극복하는 순발력을 길러야 합니다. 또한, 200명 정도의 많은 청중 앞에서 하는 스피치는 긴장이 많이 될 수 있으니 행사장의 상태를 꼼꼼히 점검해봐야 합니다. 준비한 원고도 글자 크기를 눈에 잘 보이도록 최대한 크게 하고, 두 장으로 여유 있게 준비하는 것이 좋습니다.

발표불안의 80% 이상은 준비부족에서 시작됩니다. 여기서 말하는 준비부족이란 위 사례자처럼 실제 발표현장의 상황을 제대로 체크하지 않음을 뜻하기도 하며, 준비를 하나도 하지 않는 상황과 잘못 준비한 경우도 포함합니다.

• 아는 것과 설명하는 능력은 다르다.
스피치를 앞두고 준비를 하지 않는 사람이 있을까요? 의아하게 생각하실 수도 있지만 바쁜 업무로 인하여 PPT나 보고서를 만드는 데에만 급급하고 예행연습을 해

볼 시간적 여유가 부족할 수 있습니다. 또는 다른 사람이 만든 발표자료로 스피치를 하다 보니 충분한 이해나 숙지 없이 대충 머릿속으로 생각만 하고 발표를 하는 경우도 많이 있죠. 이밖에도 준비를 하면 더 떨리기 때문에 혹은 자연스럽게 말하고 싶어서 준비를 하지 않는 경우도 있습니다. 하지만 이러한 준비부족은 발표불안의 근본적인 원인이 됩니다. 자신이 어떤 점을 충분히 알지 못하는 지를 확인하지 않은 채 실제 발표 무대에 서게 되면, 자신의 부족함을 발표현장에서 알게 되어 자신이 모르는 이야기를 아는 것처럼 전달해야 한다는 부담감이 커지기 때문이죠. 잘 모르는 이야기를 자신 있게 할 수 있는 사람은 당연히 없을 것이며, 이해해도 그것을 설명하는 능력은 또 다르기 때문에 애초에 발표준비는 철저하게 해야합니다.

학창시절 기억을 떠올려보세요. 열심히 시험공부를 했지만, 막상 시험지를 받으면 헷갈리고 기억이 나지 않기도 합니다. 정확하게 아는지 모르는지를 확인할 시간이 없었기 때문이죠. 그렇다면, 어떻게 하면 내가 알고 있는지 확인할 수 있을까요? 바로 자신이 선생님이 된 것처럼 공부한 내용을 엄마에게, 친구에게 설명하는 법이 있습니다. 이러한 과정을 통해 아는 것은 더욱 선명해지고, 설명이 어려운 부분은 스스로 이해하지 못한 부분이기 때문에 이를 더 심도 있게 공부할 수 있다고 합니다. 그러면서 아는 것에 대해 확신이 생기며 좋은 점수를 받을 수 있는 것이죠.

스피치도 마찬가지입니다. 말을 잘하기 위해서는 예행연습이 필요합니다. 실제로 발표하듯이 큰 목소리로 스피치 시뮬레이션을 해보면, 자신이 이해한 부분과 이해하지 못한 부분을 정확히 파악하고 실제 발표 시 더 자신감 있게 스피치할 수 있을 것입니다.

• 촘촘한 준비가 완벽한 준비다.

"발표준비를 하지 않으면, 당연히 떨리겠죠. 하지만, 저는 아주 철저하게 준비를 하는데 왜 발표만 하면 머릿속이 하얘지나요?" 하는 분도 있으실 겁니다. 이런 분들은 준비과정에 오류가 없는지 객관적으로 검토해야 합니다.

예를 들어, 모임에서 짧게 한마디를 해야 하는 상황입니다. 그래서 아래와 같이 원고를 작성해 달달 암기했다고 가정해 봅시다.

> "여러분, 오늘 날씨 정말 좋죠? 저는 그저께 제주도에 갔다가 오늘 아침 도착했어요. 이렇게 여러분들을 만나니 반갑네요. 오늘 즐거운 시간되었으면 좋겠습니다."

위의 글만 보면, 무난하게 말할 수 있을 것 같다고 생각하시겠지만 직접 말로 해보면 머릿속이 하얘질 가능성이 큰 원고입니다. 왜냐하면 바로 연결고리가 촘촘하지 않기 때문이지요.

작성한 원고에서 문장 별 키워드를 뽑아봅시다.
'날씨/ 제주도/ 반갑다/ 즐거운 시간'이 될 수 있겠죠?

> "여러분, 오늘 날씨 정말 좋죠? 저는 그저께 제주도에 갔다가 오늘 아침 도착했어요. 이렇게 여러분들을 만나니 반갑네요. 오늘 즐거운 시간되었으면 좋겠습니다."

이 단어만 가지고 말해볼까요? 어색한 부분이 있으시죠? 키워드 간 연결단어가 보이지 않아 문장이 뚝뚝 끊기는듯한 느낌이 들죠. 물 흐르듯이 매끄럽게 스피치 하기 위해서는 키워드 간 촘촘한 연결단어가 필요합니다. 날씨와 제주도 키워드 사이에 '여행'이라는 단어를 넣어보고, 제주도와 반갑다 키워드 사이에 '피곤함'이라는 단어를 넣어보겠습니다.

> "여러분, 오늘 <u>날씨</u> 정말 좋죠? 이렇게 날씨가 좋을 때는 <u>여행</u>을 가야 하지 않겠습니까? 저는 그저께 <u>제주도</u>로 여행을 갔었어요. 오늘 아침 도착해서 많이 피곤했는데 이렇게 여러분들 얼굴을 보니 <u>피곤함</u>이 사라지고 <u>반갑</u>네요. 아무쪼록 오늘 <u>즐거운 시간</u>되었으면 좋겠습니다."

'날씨/여행/제주도/피곤/반갑다/즐거운 시간'

이번에도 이 단어를 연결시켜 원고 없이 스피치를 해보겠습니다. 단어만 상기시켜도 스피치가 술술 나오지 않으시나요? 다음처럼 더 단순하게 스피치해도 괜찮습니다.

> <u>날씨</u> 정말 좋죠.
> <u>여행</u>가기 좋은 날씨인데요. 저는 <u>제주도</u>로 여행을 다녀왔습니다.
> 조금 <u>피곤</u>했는데, 여러분을 보니 <u>반갑</u>네요.
> 오늘 <u>즐거운 시간</u>되었으면 좋겠습니다.

키워드만 잘 숙지한다면, 굳이 원고를 달달 외울 필요도 없겠죠. 혹여 키워드만 가지고 스피치 하는 것이 어려운 분이라면, 원고를 작성해서 스피치를 준비하시는 것을 추천 드립니다. 단, 작성할 때도 말하듯이 머릿속이 하얘지지 않도록 촘촘하게 작성하시는 것이 중요합니다. 완벽한 준비로 발표불안을 극복할 수 있습니다.

저는 입사 10년차 디자이너입니다. 업무 상 회의가 많아서 부서 안에서 종종 발표와 회의를 합니다. 한 번은 경영진 앞에서 프레젠테이션을 해야 하는 기회가 생겼습니다. 중요한 자리인 만큼 꼼꼼하게 준비를 했고, 특히 임원분들이 디자인 분야 전문가들이 아니셔서 이해하기 쉽도록 배경지식 설명이나 트렌드 내용도 자세하게 추가했습니다. 또한, 성의 있게 준비하라는 상사의 지시도 있었기 때문에 제가 노력한 부분이 부각될 수 있도록 많은 내용을 담았습니다. 그리고 대망의 프레젠테이션 날, 연습한 대로 순조롭게 발표는 진행되었습니다. 그런데 순간 앞 슬라이드에서 설명했어야 했던 부분을 빠트린 것이 생각났고, 집중력이 흐트러지면서 가슴이 쿵쾅거리는 떨림을 느꼈습니다. 다행히 큰 실수 없이 마무리는 하였지만 '못 다한 말을 했었어야 했는데.. '하는 아쉬움이 남았습니다. 그리고 이때부터 '다음에 또 발표할 때 준비한 내용을 다 말하지 못하면 어떡하지'라는 두려움이 생겼습니다.

→ 위 사례자는 발표 준비를 철저히 했습니다. 하지만 꼼꼼함이 지나쳐 너무 많은 내용을 준비하다보니 일부 내용을 빠트리게 된 것이죠. 사례자가 생각한 성공적인 스피치는 준비한 것을 완벽히 다 말하는 것이었을 겁니다. 하지만, 작은 실수 때문에 준비했던 것과 다른 상황이 연출되자 순간 발표불안을 느끼게 된 것이죠.

스피치는 완벽함도 중요하지만 흐름도 매우 중요합니다. 대화를 할 때도 한참 지난 이야기를 하는 것은 적절하지 않습니다. 아까 했었어야 하는 내용은 잊고 앞으로 집중해야 할 스피치에 몰입해야 하죠. 그럼에도 불구하고 하지 못한 말에 미련이 남는다면, 꼭 해야 하는 중요한 말에 한해 스피치를 끝내는 마무리 부분에서 "앞서 설명이 빠진 부분이 있어서 말씀드립니다."라는 멘트를 통해 이어나가는 것이 좋습니다.

• 욕심을 버려야 부담도 적다.

어떤 사람들이 스피치 아카데미를 많이 찾을까요? 보통 소심하거나 내성적인 사람들이 많이 수강할 것 같지만, 실제로는 신중하고 꼼꼼한 완벽주의 성향을 가진 사람들이 더 많습니다.

완벽주의 성향인 사람들은 철저한 준비를 하지만 지나친 준비는 자기 스스로에 대한 기대치를 높이게 되죠. 그러다 작은 실수라도 하게 되면 스스로 실수가 용납이 안 됩니다. 이러한 냉정한 평가는 스스로에 대한 만족감을 떨어트리게 되죠. 주변에서 아무리 '오늘 발표 정말 잘했어'라고 인정해도 들리지 않습니다. 만족하지 못한 경험은 곧 실패경험이 되어 발표에 대한 자신감이 떨어지게 됩니다. 따라서 완벽주의 성향을 가진 분들은 욕심을 버려야 합니다.

여기서 말하는 욕심은 몇 가지로 설명드릴 수 있습니다.
첫째, 완벽한 단어, 완벽한 문장을 구사하고자 하는 욕심입니다. 쉽게 설명하면, 문장을 자세하고 완벽하게 구사하려는 욕심이죠. 자세할수록 문장은 길어지기 마련입니다. 예를 들어, 여러분이 신입사원 교육 프레젠테이션을 맡게 됐다면 첫 멘트는 어떻게 하시겠습니까? 욕심을 부린 멘트를 한번 살펴볼까요?

"안녕하십니까. 이번 ○○회사 신입사원 ○기 교육을 맡게 된 ○○부서 ○○(직급) ○○○입니다. 지금부터 ○○회사 신입사원 ○기 교육을 시작하겠습니다."

너무 힘이 들어갔다는 생각이 드시지 않나요? 욕심을 버린 멘트를 볼까요?

"안녕하십니까. ○○○입니다. 지금부터 신입사원 교육을 시작하겠습니다."

어느 쪽이 말하고 듣기 편할까요? 문장이 간결하고 핵심이 명확한 두 번째 멘트가 스피치 하기 편하겠죠. 인사와 시작선언. 이 두 가지 목표만 달성하면 되기에 첫 멘트처럼 너무 자세할 필요가 없습니다. 하지만, 꼼꼼한 사람일수록 좋은 단어, 완벽한 문장에 집착해 어렵고 길게 멘트를 준비합니다. 그리고는 긴 문장이 생각이 나지 않아 더듬더듬, 버벅거리며 말을 하죠. 완벽함이 말하는 사람 스스로에게 엄청난 부담을 준다는 것을 기억해야 합니다.

이처럼 완벽주의 성향을 가진 사람들의 첫 번째 욕심이 완벽한 문장력이었다면, 두 번째 버려야 할 욕심은 바로 아는 것에 대한 자부심입니다.

직급이 높을수록, 나이가 많을수록, 한 분야의 전문가일수록 아는 것이 많아집니다. 그러다 보니 중요하다고 생각하는 이 이야기, 저 이야기를 한 번에 다 담고자 하는 욕심이 생기게 됩니다. 회의상황을 떠올리면, 리더들은 항상 공지된 안건보다 훨씬 많은 안건을 늘어놓습니다. 그러다보면 부하직원 입장에서는 무엇이 더 중요한지 파악하기 어려워 리더의 의도를 잘못 이해하는 경우도 생깁니다. 저 같은 경우도 초보강사일 때는 중요한 것만 말하면 되는 1시간 강의가 더 쉬웠습니다. 하지만 지금은 짧은 시간 강의가 더 부담이 됩니다. 왜냐하면 스피치에 대한 지식이 많아져 들려주고 싶은 이야기는 많은데, 그 많은 이야기를 짧은 시간에 압축시켜야 하기 때문이죠. 실제로 너무 많은 이야기를 담으면 청중은 어려운 이야기로만 생각할 수 있어서 지금도 많은 내용보다는 핵심 있는 내용을 전달하고자 노력합니다.

이처럼 아는 것에 대한 자부심과 그 욕심을 줄이면 말하는 사람은 조금 더 가벼운 마음으로 스피치 무대에 오를 수 있습니다. 또한 메시지가 간결하면 듣는 사람도 이해하기 쉬워져 핵심을 잘 파악할 수 있을 것입니다.

세 번째 버려야 하는 욕심은 스스로 완벽해야 한다는 강박관념입니다. 사실 나는 완벽하지 않은 사람인데 완벽한 척을 해야 할 때 발표불안은 더 커지죠. 나의 떨림을 사람들이 눈치 채지 않았으면 할 때 더 불안해집니다. 다음의 이야기를 읽고 한 번 생각해보세요.

미국의 유명 강연회인 TED에 기타를 맨 연사가 등장합니다. 그의 이름은 조 코완, 포크음악을 노래하는 가수입니다. 조 코완은 무대에서 노래를 하는 것이 꿈이었지만 무대공포증을 가지고 있었습니다. 그가 30세가 되던 생일에 클럽 공개 무대에 올라 공포증을 극복하고자 했습니다. 그러나 20명 앞에 선 그의 몸은 말을 듣지 않았습니다. 손가락도 입도 심하게 떨리기 시작했고, 숨도 차고, 입도 마르는 그야말로 공포감을 느꼈습니다.

자신이 좋아하는 포크음악을 하기 위해서는 무대공포증을 극복해야했습니다. 그래서 그는 자신의 공포심과 긴장감을 가사로 쓴 노래를 작곡해 무대에 올랐습니다. 무대공포증을 이겨내지 못하면 자신의 꿈을 이룰 수 없다는 진솔한 감정을 사람들에게 노래로 고백을 했고, 그러한 진솔함은 사람들에게 공감을 일으키게 되었습니다. 그렇게 조 코완은 자신의 무대공포증을 극복했다고 합니다. TED 강연에서 조 코완은 자신의 부족한 점을 솔직히 인정했습니다. 그리고 그 부족한 점을 다른 사람들에게 알려 스스로 잘해야 한다는 부담감을 떨쳐버린 것이죠.

물론, 스피치는 잘해야 합니다. 프레젠테이션, 연설, 면접, 행사진행 등 중요한 자리에서 잘하고 싶지 않은 사람은 없을 겁니다. 따라서 "잘하려고 노력하지 마세요."라고 말할 수는 없습니다. 다만, 지나친 욕심으로 스스로에게 부담감을

주지 말라는 것입니다. 스피치를 하는 순간에 집중하면, 우리가 바라는 성공적인 결과는 뒤따라옵니다. 스스로에 대한 평가는 스피치가 모두 끝난 다음에 해도 늦지 않습니다.

• 완벽한 스피치보다는 안정적인 스피치를 하자.
"우리는 스피치를 왜 할까요?"라고 물으면 전달, 이해, 설득이라고 답할 수 있습니다. 하지만, 실제 스피치 무대에 서면 우리의 목적은 많이 달라지죠.

'떨지 말아야지…'
'틀리지 말아야지…'
'준비한 것 다 말해야지…'

이처럼 완벽하게 해야 한다는 강박관념은 우리의 몸과 생각을 더욱 경직시킵니다. 유연성이 부족한 스피치는 결국 실패로 귀결이 될 수밖에 없죠. 나의 의도가 전달이 됐다면 준비한 내용 중 한 두 개 정도는 빠져도 크게 문제되지 않을 것입니다. 또한 실전 스피치에서 생각이 나지 않았다는 건 중요도가 크지 않기 때문일 수도 있습니다. 따라서 원고를 어렵게 준비하기보다는 쉽게 준비해서 부담감 없이 스피치할 수 있도록 하는 것이 좋습니다.

가장 말을 잘하는 사람은 어려운 얘기를 쉽게 하는 사람이고, 가장 말을 못하는 사람은 쉬운 얘기를 어렵게 하는 사람입니다.

10개 준비해서 1개 말하지 못함을 아쉬워하지 말고, 3개 준비해서 3개만 말하려고 하는 비움의 스피치를 하시기 바랍니다. 안정적으로 스피치를 해야 만족감이 커지고, 발표불안도 극복할 수 있습니다.

CASE STUDY 3. 청중을 의식하면 발표가 무섭다.

저는 어렸을 적부터 발표불안이 있었습니다. 특히 선생님이 책 읽어보라고 시킬 때가 제일 싫었습니다. 예전에 잘못 읽어서 창피함을 당한 적이 있었거든요. 친구들이 저를 보고 낄낄대면서 웃었는데, 얼굴이 빨개질 정도였습니다. 그 뒤로 발표는 둘째치고 그냥 읽기만 해도 되는 것도 선생님과 친구들의 시선이 너무 의식되어서 덜덜 떨게 되었습니다.
대학생이 되어서도 발표하는 수업은 무조건 피했습니다. 그러다가 어쩔 수 없이 발표를 해야 하는 상황이 오면 정말 힘들었습니다. 친구들이 긴장하는 나를 보고 분명 비웃을 거라고 생각했습니다. 특히 어색한 나의 손, 굳어있는 나의 표정도 정말 이상하게 비춰질 것 같다는 생각이 자꾸 듭니다. 그래서 최대한 빨리 말하고 자리로 돌아가려고 노력합니다. 이런 발표불안도 고쳐질까요?

→ 위 사례자는 아주 오래전 창피를 당했던 트라우마로 발표가 두려워졌습니다. 물론 어느 누구도 망신을 당한 자리에 다시는 서고 싶지 않을 것입니다. 하지만, 여기서 꼭 짚어봐야 하는 점은 망신이라는 것이 주관적 해석일 수 있다는 것입니다. 과연 내가 생각하는 것처럼 사람들은 발표하고 있는 나를 비웃을까요?

사례자의 시선에서 바라봤을 때는 잘못 읽어서 친구들이 웃었다고 생각할 수 있습니다. 하지만 친구들이 웃은 것은 단지 상황이 웃겼을 뿐이지 사례자를 비웃거나 무시하는 웃음이 아니었을 수도 있습니다. 청중들의 반응을 부정적으로 해석할수록 발표불안은 점점 더 깊어지는 것이죠.

• 청중의 시선을 오해하지 말자.

청중 1명 앞에서 하는 스피치가 떨릴까요? 10명이 떨릴까요? 아니면 100명 앞이 더 떨릴까요? 당연히 100명 앞이 더 떨리겠죠. 그러면 청중의 집중력은 언제 가장 높을까요? 맞습니다. 1명일 때죠. 청중이 1명이면, 소위 말하는 딴짓을 할 수가 없습니다. 발표자가 나만 바라보니까요. 우리는 스피치를 할 때 이러한 청중의 심리를 잘 알아야 합니다.

독일 심리학자 링겔만은 줄다리기를 통해 집단에 속한 각 개인들의 공헌도의 변화를 측정하는 실험을 했습니다. 개인이 당길 수 있는 힘의 크기를 100으로 보았을 때, 2명, 3명, 8명으로 이루어진 각 그룹은 각각 200, 300, 800의 힘이 발휘될 것으로 기대했습니다. 그러나 실험결과에 따르면 2명으로 이루어진 그룹은 잠재적인 기대치의 93%, 3명 그룹은 85%, 그리고 8명으로 이루어진 그룹은 겨우 49%의 힘의 크기만이 작용한 것으로 나타났습니다. 즉, 그룹 속에 참여하는 개인의 수가 늘어날수록 1인당 공헌도가 오히려 떨어지는 현상이 발생하며, 이는 혼자 있을 때보다 집단 속에서 함께 있을 때, 노력을 덜 기울이기 때문입니다. 이를 경제용어로 링겔만 효과라 부릅니다. 비슷한 개념으로 무임승차가 있습니다.

[출처] 울산제일일보. 신영조 칼럼.

즉, 청중 역시 여러 사람 안에 속할수록 '나 하나쯤은 괜찮겠지…'라는 생각을 갖게 됩니다. 그래서 눈으로는 말하는 사람을 보더라도 머릿속으로는 다른 생각을 할 확률이 높아집니다. '이따 점심 뭐 먹지?', '빨리 끝나고 영화 보러 가야지.' 등 생각보다 무관심한 청중 앞에서 스피치를 하는 경우가 많습니다. 그런데 발표를 할 때 우리는 청중의 시선을 어떻게 해석하나요? '나만 보겠지', '내가 틀린 것을 다 알아차릴거야'와 같은 생각이 들겠지만 글쎄요. 여러분이 청중일 때는 어떠셨나요? 정말 이렇게 집중을 하시나요?

물론 스피치 내용에 관심을 가지고 경청하는 청중도 있습니다. 하지만 그 역시도 나라는 발표자 자신에게 포커스가 맞춰져 있지는 않습니다. '얼마나 잘하나 보자', '실수하기만 해 바로 비웃어줄게' 이런 생각을 갖는 청중이 있을까요? 경청하는 청중은 단지 발표자가 어떤 이야기를 하는 지에만 관심이 있습니다. '무슨 이야기를 할까' 그 이상도 그 이하도 아닐 것입니다. 그리고 그들은 나에게 화가 난 것이 아니라 평소처럼 무뚝뚝한 표정으로 나를 바라봅니다. 나의 발표내용과 상관없이 다른 이유로 웃을 수도 있습니다. 이처럼 생각보다 청중은 나에게 관심이 없을 수 있습니다. 나만 본다는 '스타병'을 버리면 발표에 대한 공포심을 조금 덜 수 있을 겁니다.

• 발표 순간에는 배려심보다 리더십을 발휘하자.

스피치를 준비할 때는 People(청중), Place(장소), Purpose(목적)이라는 3P분석이 필요합니다. 특히 청중은 고려사항 중 매우 중요하다고 볼 수 있습니다. 성별, 나이, 직급, 성향, 직무뿐만 아니라 발표내용에 대한 이해도, 관심여부 등도 세밀하게 분석해 준비해야 청중의 공감을 얻을 수 있기 때문이죠. 그러나 이러한 청중분석도 스피치가 시작되면 잊어버리는 것이 좋습니다. 물론 발표 직전까지 존재하는 다양한 변수를 유념해 스피치를 해야 하지만, 사람들 앞에서 인사를 하고 스피치를 시작한 이후에는 그저 준비한 내용에 충실하면 됩니다.

예를 들어, 스피치를 하는데 청중이 하품을 합니다. 혹은 핸드폰을 들고 자리를 뜹니다. 이러한 모습을 보면 어떤 생각이 드시나요? '내 발표가 지루한가?'라고 순간 생각 할 수 있습니다. 그렇다고 해서, '내가 들어도 재미없는데, 대충 해야지.'라는 생각으로 준비한 내용에 충실하지 않는다면 이 또한 실패한 스피치로 오래 기억에 남을 수 있습니다. 모든 청중을 만족시킬 수는 없고 어떤 훌륭한 연사도 100% 만족이라는 평가는 받기 어렵습니다. 따라서 나에게 관심 없는 일부의 청중을 너무 배려해서 나에게 집중하고 있는 다수의 청중의 기대를 저버리면 안 되겠죠. 혹여 처음에는 관심이 없던 청중이라도 열정적인 스피치를 통해 그들을 설득시키는 것이 스피치의 목적 아닐까요? 따라서 성공적인 발표를 위해서는 실전 스피치 무대에서 만큼은 청중을 배려하기 보다는 리드해야 한다는 것을 잊지 마시기 바랍니다.

CASE STUDY 4. 경청하는 사람일수록 더 떨린다.

사람들과 어울리는 것을 좋아하는 밝은 성격의 대학생입니다. 그래서 항상 주변에 친구도 많은 편인데요. 제가 상대방의 이야기를 잘 들어줘서 그런지 친구들은 무슨 일이 생기면 저를 찾아 고민 상담을 하곤 합니다. 그래서 대화는 부담도 없고, 잘한다고 생각합니다. 그런데 이상하게 발표만 하면 너무 떨립니다. 학과 친구들 앞에서 하는 발표라 어려운 내용도 아니고, 다 아는 친구들이니까 부담도 없습니다. 그래서 발표 순서를 기다릴 때는 크게 떨리지 않습니다. 그런데 발표를 하고 어느 정도 진전이 됐을 때, 더 긴장이 됩니다. 너무 떠니까 친구들이 대화하듯이 편하게 하라고 하더라고요. 그런데 그게 말처럼 쉽지 않습니다. 얼굴도 빨개지고, 손도 떨리고, 호흡도 가쁘고… 이런 상황에서 편하게 발표할 수 있을까요?

→ 위 사례자의 이야기를 정리하면, '대화에는 강한데, 왜 유독 발표에만 약할까'입니다. 소위 말하는 멍석만 깔아주면 경직되는 유형이라 볼 수 있는데요. 우리 주변에도 이런 분들이 많이 계시죠. 성격도 좋고 분위기도 주도하고, 어떤 자리에서든지 분위기 메이커의 역할을 하는 분들이 많이 계십니다. 이런 분들은 자유로운 분위기를 즐기고 사람들과 물 흐르듯이 이야기 하는 것을 좋아하는 특성이 있습니다. 하지만, 발표처럼 딱딱한 분위기나 형식적인 자리에 놓이게 되면 긴장을 해서 실력발휘를 하지 못하는 경우가 종종 있습니다. 나답지 않은 모습에 당황하며, 결국 발표에 집중하지 못해

발표불안을 경험하게 됩니다. 사례자와 같은 분들이 항상 하시는 말씀이 있습니다. "저는 대화할 때는 참 편해요. 그런데 발표만 하면, 너무 긴장이 돼요." 이처럼, 대화와 스피치를 별개라고 생각하시는 분들이 많이 계십니다. 그런데 정말 그럴까요?

실제로 대화는 잘 하지만, 스피치에 유독 약한 분들은 대화를 할 때 말하는 쪽 보다는 잘 들어주는 쪽에 속하는 분들이 많습니다. 경청을 잘 한다는 것은 대화할 때 큰 장점입니다. 다들 알고 계신 것처럼 경청을 잘해야 상대방의 의도를 정확히 파악할 수 있고, 이를 바탕으로 원활한 소통이 이뤄지기 때문이죠. 하지만, 경청을 잘하는 성향을 다른 시선으로 바라보면, '말할 수가 없다.'가 될 수도 있습니다. 다시 말해 스피치에는 다소 소극적일 수 있습니다.

특히, 사례자는 대기할 때나 처음 시작할 때보다 스피치를 하는 중간지점부터 급속도로 긴장이 된다고 했습니다. 이와 반대로 발표하고 처음 5분까지는 엄청 긴장하고, 그 이후부터는 안정을 찾는 분들도 계시기도 합니다.

왜 이런 차이가 생기는 걸까요? 이 역시 평소 말하는 습관과 연관지어 생각해 볼 수 있습니다. 경청을 잘하는 분들은 보통 차분하게 말하는 성향을 갖고 있습니다. 큰소리로 말을 해본 적도 많이 없고, 큰소리로 말하는 자체에 대해 거부감을 가진 분들이죠. 하지만, 발표나 스피치처럼 여러 사람 앞에서 이야기해야 할 때는 아무래도 호소력이 있어야 합니다. 그러기 위해서는 평소보다 조금 더 크고 힘 있는 목소리가 필요합니다. 이러한 말하기의 차이에서 목소리의 떨림이나 호흡의 불안함이 충분히 생길 수 있는 것입니다. 또한 평소 대화를 할 때 상대방의 이야기를 잘 들어주는 사람들이 3분~5분 넘게 혼자 쉼 없이 이야기를 해야 한다면 매우 부담이 되겠죠. 따라서 사례자와 같은 경우는 발표 스킬 뿐만 아니라 대화에서 주도적으로 스피치하는 훈련도 필요합니다.

• 대화를 함께해준 좋은 친구가 발표에는 없다.

대화는 발표보다 부담이 적습니다. 청중의 수도 훨씬 적고, 대화주제도 비교적 가볍죠. 또 말하기, 듣기를 상대방과 수시로 주고받으니 말하는 시간도 발표보다는 적습니다. 그러니 대화는 발표보다 상대적으로 어렵지 않아 보입니다. 하지만 가장 주목해야 할 점은 대화는 혼자 하는 것이 아니라 함께 한다는 점입니다. 예를 들어, 친구에게 "나 정말 속상해" 이렇게 운만 띄워도 친구는 바로 "왜? 무슨 일인데?"라고 반응을 합니다. "오늘 발표를 완전 망쳤어"라고 하면, "준비 많이 안 했어?", "그래서?", "어떻게 됐는데?" 이렇게 나의 이야기를 알아서 전개시켜줍니다. 내가 굳이 노력하지 않아도 적극적인 친구의 추임새에 따라 우리는 대화가 잘 이어짐을 느낍니다. 그리고 스스로 대화를 잘한다고 생각할 수 있죠.

하지만, 발표에서는 "왜?, 어떻게?, 그래서?"를 해주는 친구가 없습니다. 다시 말해 발표자 스스로 이야기를 전개시켜야 합니다. 그러다 보니 발표를 할 때, 내용을 조리있게 준비하는 것도 어렵고, 실제 발표 현장에서도 스피치를 주도적으로 이끌어가는 것이 어려울 수 있습니다. 말하는 것을 싫어하는 사람이 발표를 좋아할 리 없는 것처럼 평소 소극적으로 대화를 했던 사람이 발표만 적극적으로 할 리 없겠죠. 즉, 발표불안을 경험할 확률이 높다는 것입니다.

반대로 묻지 않아도 구구절절 자신의 이야기를 적극적으로 말하는 사람들이 있습니다. 가끔은 핵심없이 이야기가 산으로 갈 수 있고, 너무 자기 말만 해서 지루할 수는 있지만 말을 시작했다면 어떻게든 마무리를 짓습니다. 이런 분들 역시 발표할 때

초반 떨림은 있을 수 있지만 자신의 이야기를 전개하던 습관이 그대로 발휘되면서 점차 안정감을 되찾게 되죠.

결국 대화와 발표는 다르지 않고 대화 스타일이 발표를 할 때도 많은 영향을 끼친다고 볼 수 있습니다. 따라서 발표같은 기회가 없다고 해서 스피치 연습을 하지 못한다고 생각하지 않아야 합니다. 일상생활에서 누군가와 대화를 할 때, 자신이 말할 타이밍이 온다면 적극적으로 표현해보세요. 경청만큼이나 중요한 것이 말하기이고, 그것이 발표를 잘 하는 방법입니다.

• 관심을 가져야 할 말도 생긴다.

앞에서 언급했듯이 다른 사람의 이야기를 잘 들어주는, 이른바 경청형 사람들이 자신감 있는 스피치를 하기 위해서는 평소 말을 많이 해야 합니다. 그런데 말을 많이 하고 싶어도 할 말이 없어서 말을 못한다고 생각하는 분들이 꽤 있습니다.

예를 들어, 누군가가 "취미가 뭐예요?"라고 묻는다면, 경청형 사람들은 "음악 듣기예요.", "취미 없어요."처럼 단답형으로 말을 끝냅니다. 하지만, 말하기를 좋아하는 수다형 사람들은 "음악 듣는 거 좋아해요, 어제도 OO 가수 노래를 들었는데 너무 좋더라고요. 시간 되시면 꼭 들어보세요."라며 살을 붙여 이야기 합니다. 다시 말해 경청형 사람들은 묻는 것만 답하지만, 수다형 사람들은 묻지 않은 것까지 이야기합니다. 왜 이런 차이가 생길까요?

그 차이는 단순합니다. 수다형 사람들은 할 말이 많지만 경청형 사람들은 할 말이 없기 때문입니다. 할 말이 없으니 발표를 할 때도 다음 말을 뭘 해야 할지 몰라

불안함을 경험하게 되는 것이죠. 그렇다면, 왜 할 말이 없을까요? 그것은 평소에 무언가에 큰 관심을 갖지 않아서일 수 있습니다. 평소 주변 사람과 상황에 큰 의미를 부여하지 않는다고 볼 수 있죠.

　누군가가 "최근에 읽은 책 있으면 추천 좀 해줘요." 하는 상황에서 분명히 최근에 읽은 책도 있고 재미있었는데 막상 추천해주려고 생각하니 작가 이름은 고사하고 책 제목도 생각이 안 나는 경우가 있으셨을 겁니다. 재미있게 읽었지만 특별한 관심은 없었던 것이죠. 또 다른 예를 들어보겠습니다. 같은 레스토랑을 가도 어떤 사람은 '여기 분위기도 좋고, 메뉴도 좋으니 다음에 가족들이랑 같이 와봐야지.' 하며 기억에 담지만 어떤 사람은 그 순간 먹고, 즐김이 전부입니다. 며칠 후 다른 친구가 "나 가족행사가 있는데, 혹시 괜찮은 레스토랑 아는 데 있어?"라고 질문한다면 기억에 담은 사람이라면 자신이 갔던 레스토랑의 위치, 분위기, 메뉴 등을 상세하게 추천해줄 수 있을 겁니다. 하지만 반대로 기억이 흐린 사람이라면 추천해주고 싶어도 정확한 정보가 떠오르지 않아 말하는데 주저하게 될 것입니다.

　이처럼 관심은 할 말을 만듭니다. 할 말은 대화뿐만 아니라 발표나 스피치를 할 때 다양한 스토리와 콘텐츠로 재탄생하여 자신의 이야기를 풍성하게 만들어주죠. 어록이 많은 유명인들이 말 잘하는 사람으로 꼽히는 것과 같은 맥락이라 볼 수 있을 겁니다. 따라서 평소에 관심을 갖고 이를 적극적으로 표현한다면 자신감 있는 스피치를 하는 데 도움이 될 것입니다.

40대 중반 여성입니다. 젊었을 때부터 안 해본 일이 없다보니 생활력이 강한 스타일입니다. 시원시원한 성격으로 인간관계도 좋고 모임도 꽤 많은 편입니다. 저를 보면 사람들이 말을 잘하고 추진력 있을 것 같다고 모임 회장으로 추천을 많이 합니다. 그런데 저는 한사코 거절합니다. 예전에 회식자리에서 건배 제의를 한 번 했는데 술잔을 든 저의 손이 부들부들 떨리더라고요. 다른 사람들이 볼까봐 두 손으로 잔을 꼭 잡고 '위하여'라고 짧게 외치고 끝냈습니다. 이상하게 사람들 앞에만 서면 가슴이 너무 뛰어서 말을 할 수가 없습니다. 이런 불안만 없으면 말을 정말 쉽게 잘 할 수 있을 것 같습니다. 저도 당당하게 사람들 앞에서 떨지 않고 스피치하고 싶습니다. 발표 공포증만 제발 없애주세요.

→ 발표불안 때문에 고민인 분들 많으실 겁니다. 떨지만 않으면 정말 말을 잘할 수 있을 것 같은데, 이 떨림만 없었으면 좋겠다고 생각하시죠? 과연 여러분의 생각처럼 떨지만 않는다면 성공적인 스피치를 할 수 있을까요? 떨지는 않지만 너무 지루해서 듣고 싶지 않거나 떨지는 않는데 너무 장황해서 무슨 말을 하는지 모르겠다면 이 또한 만족스러운 스피치는 아닐 것입니다.

'되게 긴장했나봐'라는 평가는 자존심이 상하고, '되게 지루해', '너무 말 못해', '엄청 장황해'라는 평가는 한 귀로 흘릴 수 있을까요? 발표를 망치는 것은 떨림이 문제가 아니라 그 떨림을 이겨내지 못하고 포기한 것이 가장 큰 문제입니다. 긴장을 하면 몇 가지 징후가 동반됩니다. 단순히 머릿속이 하얘지거나 눈앞이 캄캄해지는 것 이외에도 목소리가 떨리거나 심장이 쿵쾅쿵쾅 하거나 또는 얼굴이 빨개지거나 손과 다리가 덜덜 떨리기도 하죠. 하지만, 여러분이 꼭 기억해야 할 것은 위에서 언급한 떨림 징후들은 모두 내 몸 안에서 일어나는 것이라는 겁니다.

다시 말해, 여러분이 느끼는 정도와 청중이 느끼는 정도에는 분명 차이가 있다는 것이죠. 때로는 청중들은 긴장과 떨림을 알아차리지 못하고 '와 저 사람은 말을 어쩜 저렇게 잘할까?'라고 생각하고 있을 때도 있을 수 있습니다.

여러분이 스피치를 할 때 떨림을 느꼈다면, 더욱 스피치에 집중해야 합니다. 떨림에 너무 신경을 쓰면 불안감이 커져 스피치를 망치게 될 수 있으니 스피치 내용에 집중하려 노력해야 합니다. 포기하지 않고 어떻게든 마무리를 잘 짓는다면 그 자체만으로 청중으로부터 박수를 받을 수 있을 것입니다.

• 열심히 완주한 스피치에 감동한다.

　2008년 스웨덴 예테보리 하프마라톤에서 언론의 관심을 한몸에 받은 미카엘 에크발이라는 19살의 어린 선수가 있었습니다. 그 선수는 신기록을 경신한 것도 아니고, 금 · 은 · 동메달을 획득한 것도 아니었습니다. 그의 기사 헤드라인은 '마라톤 도중 똥 싼 마라토너'였습니다. 4만여 명이 참가한 세계 최고 하프마라톤 대회에서 마라톤의 절반을 복통과 설사에 괴로워하면서도 미카엘은 2km 지점부터 약 10km가 넘는 거리를 설사를 하며 완주했습니다. 1시간 9분 43초로 21위를 기록했으며 10대 선수로서 꽤 괜찮은 기록이었습니다. 왜 레이스를 포기하지 않았냐는 기자들의 질문에 미카엘은 "시간낭비니까요. 한 번 멈추면 그 다음에도 멈추게 되기 쉽지요. 그러면 습관이 됩니다."라고 답했습니다. 이러한 멈추지 않는 근성으로 미카엘은 2014년 3월 덴마크 코펜하겐 하프마라톤 대회에서 스웨덴 신기록을 세웠고, 어느 덧 20대 후반이 되어 현재도 스웨덴 국가대표로 활약하고 있습니다.

세계적인 웃음거리가 될 수도 있다는 생각에 포기할 수도 있었을 겁니다. 하지만 멈추면 아무것도 할 수 없음을 잘 알고 있기에 미카엘은 끝까지 최선을 다한 것이죠. 이러한 모습을 보며 비난한 사람이 있을까요? 오히려 스포츠 정신에 감동하고, 그를 끝까지 응원했을 겁니다.

스피치 역시 위기 상황이 많습니다. 시나리오대로, 예상대로만 진행되면 참 좋겠지만 내 맘 같지 않은 것이 스피치입니다. 나의 발표불안 역시도 예상치 못한 변수이니까요. 이런 상황에 포기하느냐 끝까지 집중하느냐가 스피치의 성패를 좌우합니다. 사실 떨려서 아쉬운 게 아니라 떨기도 했지만, 끝까지 마무리하지 못한 것이 아쉬운 것 아닌가요?

청중의 입장에서도 생각해보세요. 우리는 청중이 되어 많은 사람들의 스피치를 봅니다. 그리고 '감사합니다.'라는 마지막 인사에 맞춰 박수를 칩니다. 우리가 박수를 보내는 순간 단순히 긴장을 했느냐, 떨지 않았느냐만 판단하지 않습니다. 자신의 이야기에 끝까지 몰입한 사람에게만 진심으로 박수를 보내지 않나요? 끝까지 완주하는 것만이 발표불안을 극복하는 단 하나의 해결책이라는 것을 잊지마세요.

• 발표공포도 설렘이 될 수 있다.

발표를 앞두고 가슴이 두근거릴 때, '자신이 없다', '까먹을 것 같다', '망칠 것 같다'라는 수많은 생각이 머릿속에서 맴돌 것입니다.

그런데 생각해보면 두근대는 가슴 뜀은 발표할 때만 오는 것은 아닙니다. 마음에 드는 이성을 만났을 때, 기분 좋은 선물을 받았을 때, 차를 사고 첫 운전대를 잡았을 때, 스릴있는 레저 스포츠를 즐길 때 등 이 모든 경험 역시 떨리는 경험입니다. 하지만, 이때는 우리가 모두 긍정적인 설렘으로 받아들입니다. 발표를 앞둔 사람에게 오늘 발표를 잘 할 수 있을까? 하는 기대감은 당연히 있을 수 있습니다. 그러니 가슴이 콩닥콩닥 뛰는 것이죠.

'발표불안', '발표공포'라는 단어가 우리를 발표와 더 멀어지게 만드는 것 같습니다. 많은 사람들이 발표떨림이라는 감정을 무조건 부정적인 느낌으로만 받아들이지만, 이제부터 발표설렘으로 바꿔보면 어떨까요? 곧 시작되는 발표가 과연 의도한대로 성공적으로 잘 이뤄질지에 대한 기대감으로 말입니다.

발표불안을 너무 미워하지 마세요. 발표를 잘 이해하고 훈련하면 불안은 설렘으로 바뀔 수 있습니다.

final 트레이닝

• 여러분이 생각하는 나의 발표불안 원인을 적어봅시다.

```
  .  _____  .
  .  _____  .
  .  _____  .
  .  _____  .
  .  _____  .
```

• 위에 적은 발표불안 원인을 해소하기 위해 앞으로 여러분이 할 수 있는 노력에는 어떤 것들이 있
  는지 적어봅시다.

```
  .  _____  .
  .  _____  .
  .  _____  .
  .  _____  .
  .  _____  .
```

• 앞으로 스텝별 훈련이 시작됩니다. 한 단계, 한 단계 훈련을 통해 어떤 점을 변화하고 싶은지 스스
  로의 목표를 적어봅시다.

```
  .  _____  .
  .  _____  .
  .  _____  .
  .  _____  .
  .  _____  .
```

논리적으로 말하기 위한
스피치 뼈대 구성하기

논리적으로 말하기 위한
스피치 뼈대 구성하기

: 아마추어는 무엇을 말할지 생각하지만, 프로는 어떤 순서로 말할지까지 생각합니다.

준비하기

■ **기초가 튼튼해야 완성도가 높아진다.**

1 Step에서 발표불안을 이해했다면, 이제 본격적으로 스피치 훈련을 시작해볼까요? 스피치 훈련이라고 하니 즉흥 스피치처럼 말하기 훈련만 생각하실 수 있지만, 스피치를 하기 전 반드시 준비단계가 필요합니다. 뒤죽박죽 섞여 있는 흐릿한 생각들을 글쓰기를 통해 선명하게 정리를 해야 하죠. 결국 생각의 정리는 글쓰기로 표현되고, 잘 정돈된 글은 자신감 있는 스피치의 바탕이 되는 것입니다. 요약을 잘하는 사람들이 말을 잘하는 이유가 여기에 있습니다.

일상에서 사례를 들어보겠습니다. 내일 데이트 약속이 있다고 가정해보세요. 멋지게 보이고 싶은 마음에 하루 전날 입을 옷을 골라놓습니다. 약속 당일 좀 더 여유 있게 준비할 수 있고, 최상의 컨디션으로 약속 장소에 가기 위함이죠. 그런데 만약 전날 코디를 해 놓지 않았다면, 더군다나 약속 당일 늦잠을 잤다면 어떻게 될까요? 준비시간이 부족하니 손에 잡히는 대로 스타일링을 하게 될 것입니다. 무난하게 코디가 잘된다면 다행이겠지만 패션 테러리스트가 되어 하루 종일 기분을 망칠 수도 있습니다.

우리의 머릿속은 아주 많은 옷이 있는 옷장과도 같습니다. 옷장에서 상황에 맞는 옷을 골라 입듯이 스피치를 할 때도 우리 머릿속에 존재하는 다양한 생각 중 적합한 생각을 선별하는 작업이 필요합니다. 그것이 글쓰기를 통한 준비이며, 정리의 시간입니다.

■ 우선순위까지 세워야 완벽한 준비이다.

갑작스럽게 자기소개를 해야 하는 자리를 상상해볼까요? 준비할 시간도 부족해서 누구에게나 피하고 싶은 부담스러운 자리입니다. 이 순간에도 어떻게 준비하느냐에 따라 결과는 달라집니다. 어떤 사람은 "어떡해…" 하며 걱정만 하고, 또 어떤 사람은 "뭐부터 말하지?" 하며 고민하기도 합니다. 또 다른 사람은 그 찰나에 "처음에는 별명으로 소개하고, 그 다음에는 나의 성격을 이야기하고, 마지막으로는 앞으로 친해지자고 당부의 말을 해야지"라고 우선순위를 세우기도 합니다.

스피치를 잘하기 위해서는 어떤 말을 할까 뿐만 아니라 어떤 순서로 말할 것인지를 계획하는 훈련이 필요합니다. 말할 순서만 정확히 있다면 어떤 돌발 상황이 오더라도 머릿속에서 순서를 떠올리면 되니까요. 이러한 순서는 학창시절 글쓰기나 논술을 통해 많이 경험해보셨을 겁니다. 두괄식, 미괄식, 양괄식, 삼단구성, 기승전결 등 두서 있는 글쓰기는 조리있고 논리적인 스피치를 완성시킵니다.

예를 들어, 면접상황에서 면접관이 '성격의 장점이 뭔가요?'라고 질문을 하면, 구구절절 답변하는 것보다 "저는 다른 사람의 이야기를 잘 들어줍니다."처럼 중심 문장을 먼저 말해 두괄식으로 답하는 것이 좋습니다. 또한, 직장에서 부서별 프레젠테이션을 할 경우 이미 주제가 공유되었을 때에는 굳이 오늘 이 발표가 얼마나 중요한지를 어필하지 않아도 됩니다. 이밖에도 같은 취미, 같은 직업, 같은 철학을 가진 사람들과 이야기를 할 때는 그들과 입장차를 줄이기 위해 노력하지 않아도 되니, 청중이 듣고 싶어 하는 말부터 두괄식으로 스피치 하는 것이 좋습니다.

반대로 미괄식 구성은 주로 적대적인 상황에서 스피치 할 때 효과적입니다. 면접관이 "성적이 좋지 않은데, 성실하지 않은가 봐요"라고 질문을 한다면, "아닙니다."라고 표현하기 보다는 "저학년 때는 학교 공부보다 경험을 쌓는 것이 중요하다고 생각했습니다. 그래서 다양한 대외활동을 하느라 성적 관리에 신경을 쓰지 못했습니다."처럼 이유를 먼저 말하고 중요한 말을 뒤에 하는 것이 효과적입니다. 또한, 서로간의 입장차가 커 설득을 해야 하는 경우라면 동기부여를 위한 서론에 좀 더 신경을 써야 하죠. 전문분야에 대해 잘 알지 못하는 청중 앞에서 스피치를 해야 한다면 스피치를 들어야 하는 이유부터 설명해야겠죠? 이처럼 글쓰기의 형식을 활용해 개요서를 작성하면, 짜임 있고 논리적인 스피치를 할 수 있습니다. 또한, 이러한 습관은 추후 글쓰기라는 단계를 거치지 않고도 즉흥적으로 논리를 세울 수 있는 기초가 됩니다.

이번 시간에는 논리적인 스피치 구조를 배우고, 이를 활용해 스피치를 해보겠습니다. 두서없이 말하는 분들, 논리적으로 말하고 싶은 분들, 긴장을 하면 머릿속이 하얘지는 분들에게 꼭 필요한 트레이닝입니다. 그럼 시작해볼까요?

스피치 뼈대
세우기

트레이닝 1. 주제문 찾기

스피치 내용을 구성할 때 가장 먼저 해야 할 점은 무엇일까요? 주제가 정해져 있지 않다면 청중과 상황, 목적 등을 고려해서 적합한 주제를 찾는 것이 우선이겠지만 만약 주제가 정해져 있다면, 우리는 주제문을 먼저 구성해야 합니다.

주제와 주제문은 비슷해 보이지만 다른 개념입니다. 주제가 스피치를 하는 목적이라면, 주제문은 세부적인 아이디어라고 할 수 있는데요. 예를 들어, '여행을 떠나자'가 주제라고 한다면 제주도 여행, 부산 먹거리 여행 등 세세한 생각이 들어가 있는 것이 주제문입니다. 주제문은 주제에 대한 하위개념으로 목적을 좀 더 명확하게 해주는 것이죠. 정리하면, 주제문은 하나 이상의 아이디어가 들어간 완전한 문장이라고 볼 수 있습니다.

자, 개념을 이해했으니 이제 주제문을 찾는 훈련을 해봅시다. 만약 '직장생활을 잘하는 법'이라는 스피치 주제가 주어졌다면, 먼저 직장생활을 잘하는 법에 대한 주제문을 작성해야 합니다. 그러기 위해서는 먼저 직장생활을 잘하기 위한 방법들을 떠올려야 하겠죠. 브레인스토밍(brainstorming)을 통해 다양한 생각을 나열한 후, 이를 정돈하면 효과적인 주제문을 만들 수 있습니다.

다음의 빈칸을 직접 적어보시기 바랍니다. 단, 누구나 인정할만한 생각을 적기보다는 자신의 생각을 충실히 적는 것이 중요합니다. 스피치는 자신의 생각을 바탕으로 다른 사람들과 의견을 공유하는 것이니까요. '너무 당연한 거 아닌가?'라는 생각도 '아무도 공감하지 않을 것 같은데?'라는 생각도 모두 좋습니다.

① 직장생활 잘하는 법 아이디어 꺼내기

〈예시〉

1. 출근 시간 잘 지키기

2. 맡은 업무에 책임을 다하기

3. 상사 또는 동료와 좋은 관계 유지하기

4. 회식자리 빠지지 않기

5. 자기계발하기

6. 경조사 잘 챙기기

7. 능력으로 인정받기

8. 인사 잘하기

9. 성실한 자세

10. 상사의 비위 맞추기

내가 생각하는 직장생활 잘하는 법

1.

2.

3.

4.

5.

6.

7.

8.

9.

10.

다양한 생각들을 적으셨나요? 다 적었다면, 이제 생각들을 정돈하는 시간을 갖겠습니다. 무작위로 나열된 생각들을 취합할 건데요. 비슷한 생각은 하나로 묶고, 상위개념과 하위개념으로 구분해보세요.

예시를 보면, 1번 출근 시간 잘 지키기와 9번 성실한 자세는 비슷한 의미입니다. 따라서 하나로 묶되, 상위개념을 대표 아이디어로 정리하면 좋겠죠. 1번은 삭제하고, 9번 '성실한 자세'를 대표 아이디어로 남기겠습니다. 2번 '맡은 업무에 책임을 다하기', 7번 '능력으로 인정받기'도 하나로 통일하면 좋을 것 같네요. 또한 3번, 4번, 6번, 10번은 3번 '상사 또는 동료와 좋은 관계 유지하기'를 대표 아이디어로 남기고 나머지는 불필요한 내용이니 삭제하겠습니다. 여러분도 직접 작성한 내용을 바탕으로 생각을 더욱 간결하게 정돈시켜 보세요.

② 아이디어 취합, 정리하기

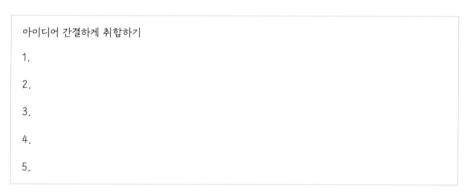

〈예시〉

1. 출근 시간 잘 지키기

2. 맡은 업무에 책임을 다하기

3. 상사 또는 동료와 좋은 관계 유지하기   1. 성실한 자세

4. 회식자리 빠지지 않기   2. 능력으로 인정받기

5. 자기계발하기   ➡   3. 동료와 좋은 관계 유지하기

6. 경조사 잘 챙기기   4. 자기계발하기

7. 능력으로 인정받기   5. 인사 잘하기

8. 인사 잘하기

9. 성실한 자세

10. 상사의 비위 맞추기

아이디어 간결하게 취합하기

1.

2.

3.

4.

5.

어때요? 조금 더 생각이 간결해졌죠? 이제 주제문을 정할 단계입니다. 위 아이디어 중 1개 이상의 아이디어를 대표로 정하시면 됩니다. 자신이 정말 옳다고 생각하고 할 말이 많은 아이디어를 고르시기 바랍니다. 몇 개의 대표 아이디어를 골라야 하는지 궁금하신 분들도 계실 겁니다. 몇 개의 생각을 설정할 지는 스피치 시간을 고려해서 결정하시면 됩니다. 만약 1분 정도의 짧은 스피치에서는 1개가 적당할 것이고, 3분~5분 스

피치에서는 2~3개가 적당하겠죠. 우리는 3분 스피치를 목적으로 **뼈대**를 만들어보겠습니다. 스스로 공감이 되는 대표 아이디어 3개를 골라서 적어봅시다.

③ 대표 아이디어 3개 고르기

〈예시〉

1. 성실한 자세

2. 능력으로 인정받기

3. 동료와 좋은 관계 유지하기

직장생활 잘하는 법 대표 아이디어 3가지

1.

2.

3.

위에 적은 3가지 대표 아이디어와 주제를 합쳐 주제문을 완성해봅시다. 하나의 문장으로 명확하게 완성하는 것이 좋습니다.

④ 주제문 작성하기

스피치 주제 : 직장생활 잘하는 법

〈예시〉

주제문 : 직장생활을 잘 하기 위해서는 성실함, 능력, 좋은 관계가 중요하다.

주제문 :

자, 이제 주제문이 완성됐습니다. 스피치 여행을 할 아주 선명한 목적지가 정해진 것인데요. 주제문은 스피치를 할 때 직접적으로 언급을 하지는 않지만, 스피치를 하는 내내 머릿속에 둬야 하는 중요한 목적지입니다. 순간 머릿속이 하얘졌을 때 떠올릴 이정표라고 생각하시면 됩니다.

이제 본격적으로 논리적인 스피치 뼈대를 만들어 보겠습니다. '나는 논리와는 거리가 먼데?'라고 생각하시며 벌써 포기하시는 분들도 계실 것입니다. 하지만, 논리라는 것이 그렇게 어려운 것만은 아니라는 걸 이번 트레이닝을 통해 배워보겠습니다. 논리적인 구성법에는 다양한 뼈대들이 있지만 여기서는 흔히 활용하는 서론, 본론, 결론, 즉 3단 구성법에 대해 알아봅시다.

사실 우리는 일상생활 속에서도 3단 구성법을 자주 사용하고 있습니다. 다음을 읽어보면서 서론, 본론, 결론 각각의 역할을 설명해드리겠습니다.

돈이 급해서 친구에게 전화를 해 돈을 빌리려는 상황입니다. 여러분은 친구가 "여보세요."라고 하자마자 "나 돈 좀 빌려줘!"라고 하시나요? 보통은 "잘 지내?", "지금 통화 가능하니?"처럼 안부를 묻겠지요. 내가 정말 하고 싶은 말은 돈 좀 빌려달라는 것이지만 왜 그전에 안부부터 물어볼까요?

맞습니다. 나의 이야기가 잘 전달이 될 수 있도록 분위기를 조성하기 위함입니다. 또한 친구 입장에서도 그동안 연락도 자주 하지 않다가 갑자기 연락을 하면 "할 말이 있구나"라고 알게 되겠죠.

이처럼 서론은 본론에서 말할 나의 이야기가 잘 흡수될 수 있도록 우호적인 분위기를 만드는 역할을 합니다. 또한 청중에게 본론에서 어떤 스피치를 할지 예고하는 역할을 한다고 볼 수 있습니다.

다시 사례로 돌아가서 친구가 오랜만에 연락한 이유를 묻습니다. 그럼 우리는 진짜 하고 싶었던 말을 해야겠죠? 돈이 필요한 이유, 액수, 언제까지 갚을지 등을 자세하게 이야기하며 친구를 설득합니다. 다시 얘기하면, 결국 본론은 나의 생각을 구체적으로 표현하는 과정이라 볼 수 있습니다.

친구가 나의 이야기를 듣고 돈을 빌려준다고 합니다. 그러면 우리는 "고마워!" 하고 바로 전화를 끊지 않습니다. 용건이 끝났지만, 전화기를 조금 더 들고 있죠. "언제 밥 한번 먹자", "잘 지내라" 등의 이야기를 합니다. 이러한 말은 거의 분위기를 정리할 때 많이 쓰죠. 이처럼 결론은 정리의 역할을 한다고 보면 되겠습니다.

정리하면 서론은 분위기 조성, 본론은 구체적으로 말하기, 결론은 정리의 역할을 합니다. 우리는 이러한 의미를 기억하며 스피치 내용을 구성해야 합니다. 그렇다면 서론, 본론, 결론 중 어느 영역부터 구성해야 할까요? 실제 스피치를 할 때는 서론부터 말 할 수밖에 없지만 준비 단계에서 내용을 구성할 때는 본론부터 정리해야 합니다. 왜냐하면 본론은 자신이 진정 청중에게 말하고 싶은 알맹이이기 때문입니다. 따라서 몸통을 채우고, 이에 대해 어떻게 분위기를 조성할까 등 서론을 고민하거나 이를 어떻게 정리할까 등의 결론을 구성하면 됩니다.

트레이닝 3. 구체적으로 말하기, 본론 구성

본론을 구성할 때는 두괄식(중요한 문장을 먼저 제시)으로 훈련하겠습니다. 미괄식(중요한 문장을 마지막에 제시)도 있지만, 보통 중요한 말을 먼저 제시하면 발표자는 목적지를 정하고 부연설명을 하는 형태이기 때문에 흔히 말하는 딴 길로 샐 위험이 적습니다. 또한 듣는 사람의 입장에서도 중요한 말을 먼저 듣기 때문에 다음 정보를 이해하는 데 도움이 됩니다.

두괄식 문장으로 스피치를 할 때에도 뼈대를 잡는 것이 가장 중요하다고 할 수 있습니다. 그럼 '주장 - 이유 - 사례 - 정리법'을 훈련해 볼까요?

누군가가 취미를 묻는다면, "등산이요."라고 짧게 단답형으로 대답하는 사람들이 있습니다. 구구절절 말하는 것을 싫어하는 분들일 수도 있지만 사실은 다음 말을 어떻게 해야 할지 몰라서 짧게 말을 하는 경우도 많습니다. 다음 말을 어떤 방향으로 해야 할지 모르는 것이지요. '등산을 하게 된 계기를 말해야 하나? 어느 산을 좋아하는지 말해야 하나? 같이 가보자고 해야하나?' 같은 생각들이 마구잡이로 떠오르기 때문에 부연 설명을 포기하게 되는 것입니다. 이러한 다양한 생각의 우선순위를 세워주는 것이 바로 '주장, 이유, 사례, 정리'입니다.

주장 : 자신의 생각을 핵심 있게 표현합니다.
이유 : 주장을 뒷받침하는 부분 중 '왜'를 해소하는 역할을 합니다.
사례 : 이유에 대한 구체적인 설명이나 방법, 예시 등으로 이유를 뒷받침합니다.
정리 : 처음에 제시한 주장을 다시 한번 반복 사용하여 정리합니다.

이를 좀 더 이해하기 쉽도록 접속사를 적용해 훈련해봅시다. 보통 이유를 말할 때 접속사 '왜냐하면', 사례를 말할 때는 '예를 들면', 정리를 할 때는 '그래서'를 많이 쓰는 것을 염두에 두고 살펴보겠습니다.

① '왜냐하면, 예를 들면, 그래서'로 짧은 스피치 구성하기

· 스피치 주제 : 나의 취미 소개

주장 : 저의 취미는 _____ 입니다.

이유 : 왜냐하면, _____ 입니다.

사례 : 예를 들면, _____ 입니다.

정리 : 그래서 저의 취미는 _____ 입니다.

· 스피치 주제 : 나의 성격 소개

주장 : 저의 성격은 _____ 입니다.

이유 : 왜냐하면, _____ 입니다.

사례 : 예를 들면, _____ 입니다.

정리 : 그래서 저의 성격은 _____ 입니다.

· 스피치 주제 : 나의 올해 계획

주장 : 저의 올해 계획은 _____ 입니다.

이유 : 왜냐하면, _____ 입니다.

사례 : 예를 들면, _____ 입니다.

정리 : 그래서 저의 올해 계획은 _____ 입니다.

이제 본격적인 본론의 뼈대를 만들어 보겠습니다. 앞서 주제문으로 만들어 놓았던 '직장생활을 잘하는 방법'으로 훈련해보겠습니다. 예시를 참고하며 구성해봅시다.

② 본론 뼈대 구성하기

〈예시〉

주제문 : 직장생활을 잘하기 위해서는 성실함, 능력, 좋은 관계가 중요하다.

본론 뼈대

주장 1   첫째, 성실함이 중요합니다.

이유(왜냐하면)   왜냐하면 성실한 사람은 좋은 평판을 받을 수 있기 때문입니다.

사례(예를 들면) 예를 들어 제 동기 중 A라는 사람이 있었습니다.

                A는 화려한 스펙으로 입사 초기에 기대를 한몸에 받았습니다. 그러나 한 가지 단점이 있었는데, 바로 지각을 밥 먹듯이 하는 것이었습니다. 특히 회식을 한 다음 날에는 어김없이 지각을 했습니다. 불성실한 근태는 그대로 인사고과에 반영되었고 승진 또한 계속 누락되었습니다. 결국 자신보다 부족하다고 생각한 동기가 먼저 승진하자 버티지 못하고 퇴사를 하더군요. 결국 불성실한 자세로 상사로부터 신뢰를 얻지 못한 것입니다.

정리(그래서)   그래서 직장생활을 잘하기 위해서는 성실해야 합니다.

주장 2   둘째, 능력을 키워야 합니다.

이유(왜냐하면)   왜냐하면 급변하는 시대에 능력을 키워야 도태되지 않기 때문입니다.

사례(예를 들면) 예를 들어 영국의 패션기업 올세이츠의 이야기를 해보겠습니다.

                올세이츠는 일하기 좋은 회사 중 하나로 손꼽히는 회사로 20개국에 150개 매장을 운영하고 있으며, 직원수가 3천명에 이르는 글로벌 패션회사입니다. 올세이츠의 CEO는 미래를 위한 사업모델로 사람의 감성과 과학의 조화가 필요하다고 생각해 IT회사의 시스템을 적용했습니다. IT기업을 벤치마킹해서 회사의 의사결정 방식을 SNS나 채팅프로그램으로 결정하였고, 클라우드 서버를 이용해 타 디자이너와 소통했습니다. 또한, 약 90명의 소프트웨어 프로그래머와 데이터 분석가를 채용할 정도로 혁신적이었습니다. 이러한 디지털과 패션을 결합한 시도로 고객의 요구와 시대의 변화를 정확하게 파악할 수 있었고, 결국 세계적인 기업으로 성장할 수 있었습니다.

정리(그래서)	그래서 능력 있는 사람은 변화에 민첩하게 대응할 수 있고, 결국 회사에서도 인정받을 수 있습니다.

주장 3	셋째, 인간관계를 잘 유지해야 합니다.
이유(왜냐하면)	왜냐하면, 인간관계가 좋으면 회사에 애정을 가질 수 있기 때문입니다.
사례(예를 들면)	예를 들어 대졸 신입사원 100명 중 24명이 1년 내로 퇴사한다는 기사를 본 적이 있습니다. 퇴사하는 가장 큰 이유는 바로 조직에 대한 적응실패라고 합니다. 조직에 대한 적응이 어려운 이유는 업무에 대한 적응도 있지만, 상사나 동료와의 관계가 어렵기 때문이라고 합니다. 반면, 퇴사율이 적은 기업은 보통 사원들 간의 커뮤니티가 활성화 되어 있다고 할 수 있습니다. 제가 다니는 회사도 동아리 활동, 독서 토론모임 등이 많이 활성화 되어 있습니다. 이러한 소통의 기회를 통해 직원들 간 서로를 잘 이해할 수 있게 되었고, 불필요한 오해나 갈등을 예방할 수 있었습니다. 그래서인지 저희 회사는 평균 15년 이상 장기근속자가 많습니다.
정리(그래서)	그래서 직장생활을 잘하기 위해서는 인간관계가 중요하다고 생각합니다.

▷본론 구성하기

주장 1

이유(왜냐하면)

사례(예를 들면)

정리(그래서)

주장 2

이유(왜냐하면)

사례(예를 들면)

정리(그래서)

주장 3

이유(왜냐하면)

사례(예를 들면)

정리(그래서)

핵심 알맹이인 본론을 잘 만들었으니 이제 서론을 구성해보겠습니다. 서론의 역할은 앞서 설명했듯이 본론의 내용이 청중들에게 잘 흡수될 수 있도록 좋은 분위기를 조성하는 데 있습니다. 아무리 좋은 이야기도 청중의 마음이 닫혀있다면 그 내용이 전달되지 않겠죠? 따라서 청중이 마음을 열고 스피치에 관심을 가질 수 있도록 우호적인 분위기를 만들어야 합니다. 왜냐하면 발표자만큼이나 청중도 긴장을 하기 때문이죠. 물론 발표자만큼 긴장하지는 않지만 발표자가 무슨 이야기를 할까에 대한 기대감 내지는 경계심이 있습니다. 따라서 청중과 발표자 사이에 존재하는 냉랭한 분위기를 발표자가 해소해야 합니다.

학교 발표 과제나 부서 아이디어 회의처럼 발표자가 어떤 내용을 스피치 하는지에 대해 모두 공유가 되어있는 상황이라면 서론 없이 바로 본론으로 들어가도 됩니다. 하지만 무관심한 청중의 관심을 집중시켜야 하는 상황이라면 반드시 서론에 집중해야 합니다. 그래서 혹자들은 서론이 본론보다 더 중요하다고 말하기도 합니다. 서론에 마음을 연 청중은 긍정적인 마음으로 본론 내용을 받아들일 수 있기 때문입니다. 그렇다면, 서론에서 많이 사용되는 3가지 기법에 대해 훈련해보겠습니다.

① Icebreaking을 위한 '질문하기'

서론을 시작할 때 가장 쉽게 시작할 수 있는 방법은 '질문하기'입니다. '질문하기'는 분위기를 더욱 부드럽게 만들고, 질문에 대한 대답을 통해 청중 역시 발표자의 스피치에 참여할 수 있어 집중하게 됩니다. 이러한 '질문하기'의 소재는 다양한 주제로 시작할 수 있습니다. "오늘 날씨 참 좋죠?"라며 날씨 이야기로 시작할 수도 있고, "식사 맛있게 하셨나요?" 하고 청중의 상태를 확인하는 질문을 할 수도 있습니다.

스피치와 직접적인 연관이 없어도, 분위기를 풀 수 있는 서두(스피치를 시작하는 첫 문장)라면 상관없습니다. 또는 스피치 주제와 관련 있는 질문을 던지기도 하죠. 예를 들면 취미 소개에 대해 스피치 한다면 "여러분은 어떤 취미를 갖고 계신가요?", 성공에 대해 스피치 한다면 "여러분은 성공하고 싶으신가요?"처럼 스피치 주제와 직접적인 관련이 있는 질문을 하기도 합니다.

하지만, '질문하기'를 할 때는 두 가지 주의할 점이 있습니다.

먼저, 질문을 할 때는 직관적이어야 합니다. 즉, 청중이 쉽게 대답할 수 있도록 해야 합니다. 질문이 너무 모호하거나 오래 생각해야 하는 질문은 청중을 침묵시키고, 이러한 청중의 침묵으로 발표자는 당황할 수도 있습니다. 예를 들면, '행복하게 사는 법'에 대해 스피치를 한다고 가정해봅시다. "여러분은 행복이 무엇이라고 생각하시나요?"라고 물어본다면 청중은 망설일 수 있지만 "여러분, 지금 행복하십니까?"라고 묻는다면, "네" 또는 "아니오"처럼 직관적으로 대답할 수 있습니다. 따라서 질문을 할 때는 "네", "아니오", 또는 단답형으로 대답할 수 있도록 질문하는 것이 좋습니다.

다음의 주어진 스피치 주제에 맞춰 청중의 호응을 이끌 수 있는 '질문하기' 서두를 만들어보시기 바랍니다.

· 스피치 주제 : 건강하게 사는 법

여러분, _____

_____

· 스피치 주제 : 최근에 읽은 책 소개하기

여러분, _____

_____

· 스피치 주제 : 팀워크 활성화 방법

여러분, _____

_____

'질문하기'로 서두를 구성할 때, 두 번째로 주의할 점은 바로 '연결성'입니다. 질문은 스피치 주제와 무관하더라도 그 뒤에 전개되는 스피치 내용은 본론에서 말하고자 하는 스피치 주제와 연결이 되어야 합니다. "여러분 식사 맛있게 하셨습니까?"라는 서두를 준비했다고 가정해 봅시다. 질문을 들은 청중이 "네"라고 답을 합니다. 그 이후 여러분은 어떻게 스피치하시겠습니까?, "네, 그러면 발표 시작하겠습니다."라고 스피치를 한다면, 문맥이 뚝뚝 끊겨 다소 어색한 스피치가 됩니다. 다시 말해서 문장 간 연결이 물 흐르듯 자연스러워야 하며, 서론의 마지막은 본론을 예고하며 끝내야 합니다.

예를 들면 "여러분 식사 맛있게 하셨습니까? 식사를 한 이후라 다소 졸릴 수 있는데요. 제가 정말 유용한 정보를 준비했고 지금부터 알려드리려고 합니다. 조금만 더 집중해주시면 감사하겠습니다. 그럼 발표를 시작하겠습니다."처럼 문장 간 연결을 통해 자연스러운 스피치를 할 수 있지 않을까요? 즉, "여러분, 식사 맛있게 하셨습니까?"라는 질문도 결국 '집중해주세요.'라는 목적을 위해 하는 말입니다. 모든 스피치는 목적을 가져야 하며 개별 문장 역시 목적이 있어야 합니다. 그럼 문장 간 연결이 자연스럽도록 다음 문장의 빈칸을 채워보시기 바랍니다.

서두에서 질문할 때 주의할 점
· 직관적 : 청중이 바로 대답할 수 있도록 질문은 직관적이어야 한다.
· 연결성 : 본론의 내용과 자연스럽게 연결되어야 한다.

· 스피치 주제 : 추천 여행지 소개

요즘 날씨 정말 좋조?

_____

_____

_____

그럼, 여행하기 좋은 장소를 소개해드리겠습니다.

· 스피치 주제 : 스피치 잘하는 법

여러분, 제가 말을 잘 못하는 사람 같아 보이시죠?

_____

_____

_____

지금부터 스피치 잘하는 법에 대해 말씀드리겠습니다.

· 스피치 주제 : 직장생활 잘하는 법

다시 태어난다면, 어떤 직업을 갖고 싶으신가요?

_____

_____

_____

그렇다면, 지금부터 직장생활 잘하는 법에 대해 설명 드리겠습니다.

② 왜 들어야 하는가, '동기부여'

여러분이 청중 앞에서 스피치를 한다면 청중의 태도는 어떨까요? 우호적인 청중? 적대적인 청중? 무관심한 청중? 대다수의 청중들은 타인의 강요에 의해 또는 약간의 기대감을 가지고 스피치에 참여합니다. 따라서 발표자는 서론에서 '여러분이 왜 나의 이야기를 들어야 하는지'에 대해 강력한 동기부여를 해야 합니다. 바로 '왜'를 해소시켜줘야 하는 것이죠.

예를 들어 대학생을 대상으로 성공한 청년사업가가 강의를 합니다. 청년사업가는 그동안 자신이 겪은 다양한 실패와 성공경험을 이야기하며 '안주하지 말고 도전하라'라는 메시지를 전달할 것입니다. 하지만 이런 좋은 이야기도 '나는 회사원이 꿈이야', '나는 안정적인 공무원이 되고 싶어'라고 생각을 하는 대학생들에게는 재미없는 이야기일 뿐입니다. 따라서 도전하는 방법을 들려주기 전에 서론에서 왜 안주하지 말아야하는지 동기부여를 해줘야 합니다.

또 다른 예로, 신입사원을 대상으로 은퇴연금에 대한 세일즈 스피치를 할 시 노후는 젊었을 때부터 준비해야 하는 것임을 서론에서 알려줘야 은퇴연금에 대해 관심을 갖게 될 것입니다. 이처럼 서론에서 동기부여는 주로 설득 스피치에서 절대적으로 필요한 기법이라고 할 수 있습니다.

동기부여는 '왜'에서 출발해야 합니다. 따라서 스피치 주제의 필요성과 중요성이 언급되면 좋습니다. 현황이나 사실, 정보, 통계자료, 수치, 기사 등과 같은 설득을 위한 객관적인 데이터도 필요합니다. 여러분이 잘 알고 있는 주제라면 노력하지 않아도 구성할 수 있지만 잘 모르는 주제나 콘텐츠가 부족하다고 느낀다면 책, 인터넷, TV, 잡지, 신문 등 다양한 매체를 통해 정보를 수집하는 노력이 필요하겠죠.

그럼, 다음에 주어진 스피치 주제에 맞게 동기부여를 위한 문장들을 작성해볼까요?

〈예시〉
스피치 주제 : 1인 가구에 맞는 상품 개발이 필요하다.

안녕하세요. ○○○입니다.
혹시, 일코노미라고 들어보셨나요? '1인'과 경제를 뜻하는 '이코노미(economy)'의 합성어로 혼자만의 소비 생활을 즐기는 사람들로 인해 생기는 경제 현상을 일컫는 신조어입니다.
통계청에 따르면, 1인 가구의 비율은 2020년 전체 가구의 31%로 예상된다고 합니다. 이는 10명 중 3명은 혼자 산다는 이야기인데요. 이러한 트렌드에 맞춰 1인 가구에 맞는 상품 개발이 필요합니다.
지금부터 1인 가구를 위한 상품 개발 아이디어 발표를 시작하겠습니다.

```
스피치 주제 : 1인 가구에 맞는 상품 개발이 필요하다.


안녕하세요. ○○○입니다.

_____

_____

_____

_____

_____

지금부터 1인 가구를 위한 상품 개발 아이디어 발표를 시작하겠습니다.
```

③ 스토리로 설득하기, '의미부여'

동기부여에서 한 단계 더 발전한 단계가 바로 의미부여입니다. '왜'를 해소하는 것이 동기부여라면, '왜'를 해소하는 방법 중 이야기나 사례를 인용하는 기법을 의미부여라고 합니다.

스토리텔링이라고 들어보셨죠? 스토리(story, 이야기)와 텔링(telling, 말하기)의 합성어로 말 그대로 '이야기하다'라는 의미를 가지고 있습니다. 즉, 상대방에게 알리고자 하는 바를 재미있고, 생생한 이야기로 전달하는 것을 말합니다.

스피치에서도 같은 주제여도 어떻게 의미부여를 하느냐에 따라 그 가치가 달라집니다. 예를 들어서 건강하게 사는 법이란 주제로 스피치를 한다고 가정합시다. '숙면을 해야 한다, 소식해야 한다, 운동해야 한다' 등 누구나 아는 뻔한 이야기를 한다면, 청중의 흥미를 끌지 못하고 외면을 받을 것입니다. 하지만 건강이 악화되었지만 숙면과 소식, 운동으로 어려움을 극복해낸 실제 이야기를 한다면 사람들의 마음을 움직일 수 있고 공감 포인트를 찾을 수 있겠죠. 결국 감성적으로 설득해야 한다는 것입니다.

이러한 스토리텔링은 서론 기법으로 많이 활용할 수 있습니다. 자신의 경험담과 같은 이야기 형식으로 시작하거나 또는 좋은 콘텐츠를 스피치 주제에 비유하여 의미부여를 하며 이야기를 시작하면 청중들의 집중력과 관심을 높일 수 있기 때문입니다. 스토리텔링을 활용한 다음 연설문의 도입부를 읽어보며 어떻게 시작해야 할지 감을 잡아볼까요?

스피치 주제 : 세상을 이끄는 것은 작은 리더십이다.

여러분, 커피 좋아하시나요? 요즘 커피 전문점도 많지만, 커피 메뉴도 참 다양합니다. 여러분은 그 중 어떤 커피를 좋아하시나요? 여러 종류의 커피 중 유독 사람들이 잘 찾지 않는 커피가 있습니다. 바로 에스프레소입니다.
맛도 쓰고, 양도 적어서 사람들이 잘 찾지 않는 에스프레소가 모든 커피에 들어가는 것 아시나요? 에스프레소에 뜨거운 물을 넣으면 아메리카노가 됩니다. 여기에 스팀밀크를 넣으면 카페라떼가 되고, 시나몬가루를 뿌리면 카푸치노가 됩니다. 이렇게 에스프레소는 약방의 감초와 같은 역할을 합니다. 저는 우리 주변에도 에스프레소 같은 숨은 조연이 있다고 생각합니다. 그런 사람들의 작은 리더십이 모여서 사회를 이끌어 나가는 것이 아닐까요?
지금부터 이러한 작은 리더십에 대해 이야기를 시작하겠습니다.

[출처] 삼성경제연구소

위 스피치는 에스프레소를 작은 리더십에 비유해 스토리텔링을 했습니다. 무뚝뚝하게 "지금부터 '사회를 이끌어 나가는 사람들은 작은 리더들이다'라는 주제에 대해 발표를 시작하겠습니다."라고 서론을 말하는 것보다 훨씬 감성적이고 쉽게 이해되지 않나요? 이렇게 스토리텔링을 통해 사람들은 감성을 자극시키면 좀 더 쉽게 마음을 얻을 수 있습니다.

스토리텔링을 통한 스피치를 자연스럽게 시작하기 위해서는 평소 일상생활에서의 이야기들을 한 귀로 듣고 한 귀로 흘리지 않는 것이 필요합니다. '누군가에게 스피치를 할 때 활용해야겠다'라고 생각하고 글로 적어 내 것으로 만들어야 합니다.

아프리카 원주민들이 원숭이를 산채로 잡는 방법이 있습니다. 입구가 아주 좁은 조롱박에 원숭이들이 좋아하는 땅콩을 가득 넣습니다. 그리고 원숭이들이 자주 다니는 길목마다 나무에 걸어두면 땅콩냄새를 맡고 온 원숭이들은 조롱박 안으로 손을 넣어 땅콩을 한 움큼 쥐고 손을 빼려고 합니다. 하지만 입구가 좁아 손이 빠지지 않습니다. 땅콩을 조금만 덜어내면 손이 빠질텐데 원숭이는 욕심을 버리지 못하고 조롱박과 씨름을 합니다. 그러는 사이 원주민이 산채로 원숭이를 잡아갑니다.

위 스토리를 활용해서 어떤 주제로 스피치를 할 수 있을지 적어봅시다.

스피치 주제 : _____

인간의 몸에는 여섯 개의 활용되는 부분이 있습니다. 그 중에서 셋은 자신이 지배할 수 없지만 다른 셋은 자신의 힘으로 마음대로 할 수 있는 부분이라고 합니다. 지배할 수 없는 것은 눈과 귀와 코이고, 마음대로 할 수 있는 부분은 입과 손과 발입니다. 우리는 보고 싶은 것만 볼 수 없고, 듣고 싶은 말만 골라들을 수 없습니다. 또한 맡고 싶은 냄새만 선택해서 맡을 수 없습니다. 하지만 우리는 의지에 따라 좋은 말만 할 수 있고, 손과 발을 이용해 하고 싶은 것을 할 수 있습니다.

위 스토리를 활용해서 어떤 주제로 스피치를 할 수 있을지 적어봅시다.

스피치 주제 : _____

이번에는 스토리텔링을 통한 의미부여가 포함된 서론을 만들어보겠습니다. 자신의 경험담을 활용한 스토리텔링과 타인의 콘텐츠를 활용한 스토리텔링, 두 가지로 훈련해보겠습니다. 스토리텔링이 어려운 분들은 예시를 확인하며 작성해보세요.

〈예시〉

· 경험을 활용한 스토리텔링

안녕하세요. ○○○입니다. 저는 얼마 전 은행을 방문했습니다. 대기하는 중에 한 할머니께서 은행원과 하는 이야기가 들렸습니다. 이야기를 들어보니 할머니께서 신분증을 가지고 오지 않으셔서 요구사항을 해결해드릴 수 없는 상황이었습니다. 은행원은 "신분증이 없으면 안 돼요."라고 계속 이야기를 했고, 할머니는 막무가내로 "그냥 해줘요."라고 말하고 계셨습니다. 그런데 옆에서 직급이 높아 보이는 은행원이 부드러운 음성으로 "할머니 신분증을 가지고 오시면 서류발급이 바로 됩니다. 만약 어려우시면 다른 방법이 있습니다. 이쪽으로 오시겠어요?" 하고 문제를 해결해나가셨습니다. 그 모습을 보면서, 같은 상황에서도 대화를 잘하는 사람과 못하는 사람이 있다는 것을 다시 한번 느꼈습니다. 어떻게 하면 대화를 잘할 수 있는지 그 방법을 지금부터 말씀드리겠습니다.

· 인용을 활용한 스토리텔링

안녕하세요. ○○○입니다. 몇 년 전 미국의 일간지 뉴욕타임스에 불고기 광고가 실렸습니다. 메이저리거인 추신수 선수가 한국 음식 불고기를 들고 있는 사진이었는데, 이 광고는 미국 현지에서 혹평을 받았다고 합니다. 왜 일까요?
동양인은 연관적 사고를 하기 때문에 한국 출신 야구선수가 한국 음식 광고를 하는 것이 이해가 되지만 서양인은 분류적 사고를 하기 때문에 스포츠인 야구와 음식인 불고기가 하나로 묶이는 것을 이해할 수 없었던 것입니다. 이처럼 상대방을 이해하는 관점은 문화적 차이뿐만 아니라 대화 갈등 상황에서도 매우 중요합니다. 지금부터 제가 생각하는 대화를 잘하는 방법에 대해 설명드리겠습니다.

스피치 주제 : 대화를 잘하는 방법

· 경험을 활용한 스토리텔링

안녕하세요. ○○○입니다.

_____

_____

_____

_____

_____

_____

_____

지금부터 대화를 잘하는 방법에 대해 말씀드리겠습니다.

· 인용을 활용한 스토리텔링

안녕하세요. ○○○입니다.

_____

_____

_____

_____

_____

_____

지금부터 대화를 잘하는 방법에 대해 말씀드리겠습니다.

앞서 서론, 본론을 구성했으니 이제 결론을 구성해볼까요? 스피치 코칭을 해보면 스피치를 어떻게 시작해야 하는지에 대해 고민하는 분들보다는 마무리를 흐지부지하게 해서 고민인 분들이 더 많습니다. 스피치를 할 때 결론 또한 매우 중요하다는 것은 모두 알고 계실텐데요. 청중 입장에서는 시간이 지난 서론보다는 가장 최근 정보인 결론을 더 오래 기억하며, 그 기억으로 전체 스피치를 평가할 수 있기 때문이죠. 이렇게 중요한 결론을 어떻게 구성해야 할지 다음 트레이닝 순서를 따라서 연습해볼까요?

① **결론에서는 노란색 신호등이 필요하다.**

결론은 앞서 설명해 드렸듯이 정리하는 역할을 합니다. 그렇기에 결론부분에서 가장 먼저 구성해야 하는 것은 청중에게 미리 종료신호를 주는 것입니다. 서론의 마지막에서는 "지금부터 ~에 대해 말씀드리겠습니다."와 같이 본론을 예고하는 시작선언을 했다면, 결론에서는 "지금까지" 또는 "이상으로"와 같은 종료신호를 주는 것이 필요합니다.

이러한 종료신호는 3색 신호등에서 노란색 신호등과 같은 역할을 한다고 생각하면 쉽습니다. 신호등 색깔이 바뀌니 준비하라는 의미의 노란색 신호등처럼 종료신호는 청중에게 스피치가 마무리되었음을 알려주는 역할을 합니다. 또한 종료신호 다음에는 스피치 총정리 멘트를 연결해서 청중에게 지금까지 어떤 이야기를 했는지 정리하고 알려줌으로써 전달력을 높일 수 있습니다. 이러한 종료신호는 정리하는 접속사를 활용하면 좋습니다. '따라서, 이처럼, 마지막으로, 결론적으로' 등을 활용하면 효과적이며, 이 책에서는 '지금까지'를 활용해 훈련해보겠습니다.

예를 들어 '직장생활을 잘하는 법'에 대해 스피치 했다면, 결론에서는 "지금까지 직장생활 잘하는 법에 대해 설명드렸습니다." 또는 "지금까지 직장생활을 잘하기 위해서는 첫째, 성실해야 한다, 둘째, 능력을 키워야 한다, 셋째, 인간관계를 잘 유지해야 한다고 말씀드렸습니다."처럼 정리를 하는 것입니다. 청중은 내 마음처럼 나의 이야기에 매 순간 집중을 하지 않습니다. 자신이 좋아하는 것만 골라 들으며 저장하고, 회상하기 때문에 우리가 전달하고자 하는 모든 부분을 기억하지 못합니다. 따라서 결론에서는 지금까지 이야기한 내용을 다시 한번 요약 정리해주는 것이 중요합니다. 스피치 내용의 핵심을 요약해서 다시 한번 상기시켜줌으로써 청중들에게 '이제 이 스피치의 중요한 결론을 말하겠구나'라고 준비할 수 있도록 노란 신호등을 켜 주는 것이죠.

② 핵심 메시지로 마무리하기

스피치와 대화의 가장 큰 차이점은 목적의 유무입니다. 보통 물건판매를 목적으로 하는 세일즈 스피치, 당선을 목적으로 하는 선거연설 스피치 등처럼 목적이 있는 말하기를 스피치로 구분합니다. 즉, 발표자가 청중에게 전달 하고 싶은 메시지가 목적이 되겠죠?

세일즈를 하는 사람은 제품에 대해 설명을 한 후 마지막에 "저를 믿고 꼭 한번 사용해보세요."라고 목적을 드러냅니다. 선거연설자도 공약을 이야기 한 후 마지막에는 "저를 뽑아주세요."라는 목적을 드러내죠. 따라서 결론 마지막에는 목적을 드러내야 합니다. 이 책에서는 '여러분들도'라는 문장을 사용해 청중들에게 핵심 메시지를 표현해보겠습니다. 다음의 스피치 예시를 읽어보고 생각해볼까요?

스피치 주제 : 성공하는 방법

저는 성공하기 위해서는 미소가 중요하다고 생각합니다. 제가 입사 면접을 볼 때, 너무 긴장을 해서 실수를 많이 했는데, 다행히 최종합격을 하였습니다. 그래서 입사 후 면접관이셨던 상사분에게 어떤 이유로 합격을 했는지 물어보았더니 "잘 웃어서"라고 하시더군요. 제가 생각했을 때는 잘 웃는 모습이 긍정적으로 보여서 뽑히지 않았나 싶습니다.
이후 직장생활을 할 때도 다양한 고객을 응대하게 되었습니다. 아무리 까다로운 고객도 미소를 띠우며 인사를 건네면 조금씩 마음을 열고 저의 이야기를 경청하는 것을 느꼈습니다.
그 덕분에 이번 달에는 친절사원으로 뽑히기도 했습니다. 그래서 앞으로도 미소를 저의 경쟁력이라 생각하며, 아무리 힘든 일도 극복해내려고 합니다.

위 스피치는 성공하는 방법을 '미소'라고 명확하게 표현했고, 자신의 사례를 들어 주장을 뒷받침하고 있습니다. 그래서 꽤 괜찮은 스피치라고 볼 수 있지만 목적이 드러나 있지 않기에 그래서 발표자가 하고 싶은 말이 무엇인지 알기 어렵고, 스피치라기보다는 자신의 경험담에 그친 이야기입니다. 여기에 결론의 두 가지 요소인 '정리(지금까지)와 핵심 메시지(여러분들도)'를 붙여보면 완성도 있는 스피치가 될 수 있습니다. 다음 원고를 다시 한번 읽어보세요.

스피치 주제 : 성공하는 방법

저는 성공하기 위해서는 미소가 중요하다고 생각합니다. 제가 입사 면접을 볼 때, 너무 긴장을 해서 실수를 많이 했는데, 다행히 최종합격을 하였습니다. 그래서 입사 후 면접관이셨던 상사분에게 어떤 이유로 합격을 했는지 물어보았더니 "잘 웃어서"라고 하시더군요. 제가 생각했을 때는 잘 웃는 모습이 긍정적으로 보여서 뽑히지 않았나 싶습니다.

이후 직장생활을 할 때도 다양한 고객을 응대하게 되었습니다. 아무리 까다로운 고객도 미소를 띠우며 인사를 건네면 조금씩 마음을 열고 저의 이야기를 경청하는 것을 느꼈습니다.

그 덕분에 이번 달에는 친절사원으로 뽑히기도 했습니다. 그래서 앞으로도 미소를 저의 경쟁력이라 생각하며, 아무리 힘든 일도 극복해내려고 합니다.

지금까지 저의 경험에 비춰 성공하는 방법에 대해 소개해드렸습니다. **이처럼 여러분들도** 항상 미소로 성공으로 가는 기회를 잡으시기 바랍니다.

어떤가요? 마지막 결론에서 다시 한번 정리를 해주니 어떤 이야기를 하려는 건지 좀 더 명확해지지 않았나요?

지금까지 배운 결론 기법을 활용해서 주어진 스피치 원고를 완성해보시기 바랍니다.

그리스에 한 동상이 있습니다. 이 동상의 앞머리는 머리숱이 무성하고, 뒷머리는 대머리인데다가 발에는 날개가 있는 이상한 모습을 하고 있는데요. 처음에는 관광객들이 이 모습을 보고 웃지만, 그 밑에 있는 글을 보고는 많은 감명을 받는다고 합니다.

나의 앞머리가 무성한 이유는 사람들로 하여금 내가 누구인지 금방 알아차리지 못하게 함이요. 또, 나를 발견했을 때는 나를 쉽게 붙잡을 수 있도록 하기 위해 앞머리를 늘어뜨린 것이며, 뒷머리가 대머리인 이유는 내가 지나가고 나면 다시는 나를 붙잡지 못하도록 하기 위함이며, 내 발에 날개가 달린 이유는 최대한 빨리 사라지기 위해서이다.
나의 이름은 바로 기회이니라!라고 쓰여 있다고 합니다.

지금까지 _____
_____
_____.

여러분들도 _____
_____
_____.

지금까지 배운 내용을 총정리하는 시간을 갖겠습니다. 자유주제로 5분 스피치를 해볼 텐데요. 먼저 개요서를 만들고, 이를 바탕으로 스피치 원고를 작성해보세요.

개요서를 작성할 때는 가급적 완전한 문장이 아닌, 키워드 위주로 구성해보세요.

• 스피치 주제 :
• 주제문 :

〈서론〉

-개요서 :

〈본론〉

-개요서 :

〈결론〉

-개요서 :

구성	핵심 내용	시간
서론	안녕하십니까. ○○○입니다. (아이스브레이킹, 동기부여, 스토리텔링 중 선택) 지금부터 ~에 대해 발표를 시작하겠습니다.	1분 30초
본론	1. 주장/이유/사례/정리 2. 주장/이유/사례/정리 3. 주장/이유/사례/정리	3분
결론	지금까지 ~에 대해 소개해드렸습니다. 여러분도 ~하시기 바랍니다. 감사합니다.	30초

핵심이 있고
간결하게 말하기

핵심이 있고
간결하게 말하기

: 어려운 이야기를 쉽게 하는 사람이 말을 잘하는 사람입니다.

준비하기

■ 정교함보다 단순함이 통한다.

앞서 내용을 탄탄하게 구성했다면, 이제는 본격적으로 스피치 훈련을 해봅시다. 여러분들도 완벽하게 준비를 했지만 막상 입을 열면 말이 장황하게 늘어지기도 하고, 때로는 말이 꼬이는 경험을 해본 적이 있으실 겁니다. 그래서 어떤 분들은 '준비하면 스피치가 더 안 된다.'라고 생각하는 분들도 계시죠. 사실은 준비를 한 것이 문제가 아니라 장황하게 스피치를 하는 습관이 있어서입니다. 어떻게 하면 간결한 스피치를 할 수 있을까요?

이탈리아 캐주얼 패션 브랜드 디젤의 철학은 '바보가 되라'라고 합니다. 디젤은 똑똑한 사람은 현상을 보고 비판하며 계획을 갖고 움직이지만 바보는 가능성을 보고 창조하며 자신만의 이야기를 갖는다고 주장하고 있습니다.

이를 보면 어떤 생각이 드시나요? '고정관념을 버리자', '혁신하자', '창조하자' 등 다양한 메시지가 떠오르시죠. 저는 이 광고 시리즈를 보면서 '아는 것을 버리자'라는 스피치 기법이 떠올랐습니다. '아는 것을 버리면 스피치가 될까?' 싶으시겠지만, 바로 머릿속을 단순화시키며 간결하게 스피치하는 것이라고 생각하시면 쉽습니다. 스피치 코칭을 하다보면, 스피치 무대가 마치 자신의 지식을 자랑하는 자리라고 생각하는 분들이 많습니다. 아는 것이 많아 보이도록 스피치를 해야 좋은 스피치라고 착각하는 분들도 계시죠. 하지만 청중 입장에서 생각해보시면 어떨까요? 발표자가 너무 많은 이야기를 늘어놓으면 무엇이 중요한지 파악하기 힘듭니다. 그리고 많은 이야기를 들었지만 기억에 남는 핵심 메시지가 없을 수도 있습니다. 스피치 무대에서 바보가 되고 싶은 사람은 없겠지만, 너무 똑똑해보이려고 하다 보면 오히려 스피치를 망칠 수 있음을 기억해야 합니다.

스피치는 자신이 가지고 있는 정보를 전달하는 것 그 이상도 이하도 아닙니다. 내가 의도한 바를 청중이 잘 이해하도록 하는 그 목적만 달성하면 되는 것이죠.

여기, 입사 1년차 새내기 직장인 김사원이 있습니다. 처음으로 프로젝트에 투입 되어 누구보다 열정적으로 업무를 처리하고 준비했습니다. 그리고 오늘이 바로 보고를 드리는 대망의 날입니다. 상사에게 잘 보이고 싶어하는 부하직원의 마음 이해하시죠? 결국 김사원은 욕심을 부리고 맙니다. '내가 그동안 얼마나 열심히 했는지 알려줘야겠어.' 이런 마음을 먹자 말이 장황해지기 시작하죠. 원래는 현재 어느 정도 일이 진행되었고, 언제 완료되는지만 보고하면 되지만 거래처와 소통이 어려웠다는 등 주말에도 일을 했다는 등 구구절절 말을 늘어놓습니다. 결국 이어지는 상사의 싸늘한 한마디 "그래서 결론이 뭐죠?", "핵심만 말하세요!" 인내심 약한 상사는 듣고 싶은 이야기가 나오지 않자 바로 쏘아붙이게 됩니다.

여러분도 이런 경험이 한번쯤은 있으실 거라고 생각합니다. 직장인이 아니더라도 논리적인 사람과 이야기할 때를 떠올려 보세요. 그들이 궁금해 하는 이야기가 빨리 나오지 않으면 바로 "그래서? 결론이 뭐야?"라고 말합니다. 어떻게 보면 그들이 성격이 급해서 여러분의 말을 자르는 것 같지만, 한편으로는 듣고 싶은 이야기가 빨리 나오지 않고 장황한 이야기만 늘어놓으니 답답함을 참지 못해 재촉하는 것일 겁니다.

스피치를 할 때 끊김 없이 길게 말하고 유창한 스피치를 하고 싶어 하는 분들이 많습니다. 하지만 유창함과 장황함은 엄연히 다른 의미입니다. 유창함은 물 흐르듯 연결이 자연스러운 스피치를 말하지만 장황함은 핵심 없이 그저 긴 스피치를 말합니다. 장황할 때 청중의 인내심은 짧아지기 마련입니다. 이번 트레이닝은 군더더기 없이 필요없는 내용은 버릴 줄 알고 간결하게 말할 수 있는 기법에 대해서 훈련해보겠습니다. 말이 꼬이는 문제를 해결할 수 있는 훈련 방법입니다.

간결하게 말하기

트레이닝 1. 쉼표보다는 마침표를 많이 찍자.

방송 뉴스를 보면 하단에 자막이 있습니다. 하단 자막은 길어도 8자 이내로 줄여야 한다는 공식이 있다고 합니다. 한눈에 중요 내용만을 전달해야 하는데 더 길어지면 가독성이 떨어지기 때문이죠.

스피치 역시 문장이 길어지면 청중에게 장황한 스피치로 전달될 수 있습니다. 이보다 더 큰 문제는 발표자 입장에서 말이 꼬일 수 있다는 점입니다. 따라서 말이 꼬이지 않기 위해서는 문장의 길이를 줄이는 것이 필요합니다. 문장을 길게 하는 요인은 바로 쉼표입니다. 쉼표(,)는 문장의 중간이나 낱말과 낱말 사이에 사용하고, 문장을 마치는 것이 아니라 연결을 하는 역할을 합니다. 그래서 쉼표를 많이 찍으면 문장은 길어지기 마련이죠.

반대로 마침표는 문장의 가장 끝에 위치합니다. 그래서 마침표를 많이 찍으면 문장이 짧아지죠. 말이 장황해지는 사람들은 '~서, ~며, ~고, ~로, ~여, ~만' 등과 같이 쉼표를 찍는 말을 많이 사용하여 문장을 길게 늘어놓지만, 말이 간결한 사람들은

'~다., ~요.'처럼 마침표를 사용하는 표현을 자주해 스피치에 대한 부담을 줄입니다.

예를 들어 오늘 하루 일과를 이야기 해볼까요? 어떤 사람은 "저는 오늘 아침 7시에 일어나서 밥을 먹고, 차를 타고, 회사에 도착해서, 커피를 마시고…"처럼 말에 마침이 없이 계속 쉼표를 붙여 이어나갑니다. 이처럼 말을 하면 문장이 줄줄 이어져 청중들은 핵심을 파악하기 어렵게 되죠. 하지만 간결하게 말하는 사람은 "저는 오늘 아침 7시에 일어났습니다. 그리고 밥을 먹었습니다. 이후 차를 타고 회사에 도착했습니다. 그리고 맛있는 커피를 먹었습니다."처럼 말의 맺음을 확실히 하며 문장을 이어나갑니다.

둘 중 어느 쪽이 더 쉽게 들리시나요? 그리고 어느 쪽이 더 말하기 편하신가요? 마침표를 많이 찍으면 한 문장에 하나의 뜻만 담겨 있기에 더 이해하기 쉽고, 발표자 역시 한 번에 소화해야 할 문장의 양이 적기 때문에 부담도 줄일 수 있습니다. 또 쉼표를 많이 찍으면 이야기가 정체되기 쉽지만 마침표는 이야기를 전개하기 수월합니다.

이해가 되셨다면, 여러분도 쉼표보다는 마침표를 사용하여 스피치를 해보시기 바랍니다.

① 마침표를 사용하여 간결하게 말하기

· 스피치 주제 : 이번 주말 계획 이야기하기

_____ .
_____ .
_____ .
_____ .
_____ .
_____ .

· 스피치 주제 : 감명 깊게 본 영화 소개하기

_____ .
_____ .
_____ .
_____ .
_____ .
_____ .

· 스피치 주제 : 10년 후 나의 모습 이야기하기

_____ .
_____ .
_____ .
_____ .
_____ .
_____ .

문장을 짧게 끊어 말하니 어떠신가요? 간결한 스피치가 되었지만 뭔가 너무 쉽게 말하는 것 같고 심심한 느낌이 나시죠? 이러한 경우에는 문장 말머리에 청중을 집중시킬 수 있는 멘트를 넣으면 더 효과적입니다.

예전에 예능 방송프로그램에서 한 연예인이 행사 MC를 잘하기 위한 멘트로 '일단 말이죠'와 '무엇보다도'를 소개했습니다. 웃음을 준 요소였지만 실제로 '일단 말이죠~', '무엇보다도~'라는 말은 청중의 주의를 끌고 다음 내용에 집중시킬 수 있는 표현입니다. 실제로 말을 잘하는 사람은 자신의 이야기에 청중이 계속 관심을 기울일 수 있도록 합니다. 대화를 할 때도 똑같은 이야기임에도 어떤 일이 있었는지 쭉 나열만 하는 것보다 '정말 웃긴 건 뭔 줄 알아?', '내가 뭐라 그랬게?'처럼 집중멘트를 중간에 추가하면 청중 입장에서 훨씬 재밌는 이야기로 느껴집니다. 다음의 사례를 보시면 이해가 더 잘 되실 겁니다.

친구가 소개팅을 해준다고 하는 거야.

그래서 연락처를 주고, 상대방 연락처도 받았거든. 핸드폰에 번호 저장하면 메신저에 프로필 뜨잖아. 난 내 사진으로 해놨는데 상대방은 배경사진이더라고. 만날 날짜와 장소를 빨리 정해야 할 것 같아서 톡을 했지 "다음 주 언제 볼까요?" 했더니 "죄송해요, 다음 주 아플 것 같아요." 하는거야.

<집중멘트를 사용한 말하기>

완전 황당한 일 있었어!

친구가 소개팅을 해준다고 하는 거야.

그래서 연락처를 주고, 상대방 연락처도 받았거든. 핸드폰에 번호 저장하면 메신저에 프로필 뜨잖아.

난 내 사진으로 해놨는데 상대방은 배경사진이더라고.

너, 내 스타일 알잖아, 일 빨리 빨리 추진하는거!

그래서 만날 날짜와 장소를 빨리 정해야 할 것 같아서 톡을 했지 "다음 주 언제 볼까요?" 했더니

상대방이 뭐라고 한 줄 알아?

"죄송해요, 다음 주 아플 것 같아요." 하는거야.

이러한 집중멘트를 스피치에 사용하면 청중의 관심을 집중시킬 수 있습니다. 어떤 문장을 사용해야 할지 아직 어렵다면, 접속사를 사용하는 것을 추천 드립니다. 접속사 중에는 내용 연결이나 반전, 강조할 때 사용하면 효과적인 것들이 많이 있습니다.

말이 장황하거나 말솜씨가 없는 분들을 살펴보면 공통적으로 접속사 활용을 잘하지 않는 경우가 많습니다. 말을 길게 늘어놓기만 하니 청중뿐만 아니라 말을 하는 발표자 역시 집중하기 힘들어지는 것이죠. 그럼 집중멘트로 사용되는 접속사를 활용하여 훈련 해볼까요?

① 청중을 확! 집중시키기 : 접속사 활용하기

다음의 정리된 접속사들을 한번 살펴보세요.

· 연결의 접속사

그리고, 또는, 혹은, 다음으로, 이어서, 따라서, 그렇지만, 한편, 하지만, 그런데 등

· 보충의 접속사

특히, 더구나, 아울러, 게다가, 이를테면, 참고로, 추가적으로, 예를 들면, 실제로 등

· 정리의 접속사

결국, 끝으로, 즉, 이처럼, 다시 말씀드리면, 결론적으로, 정리하자면 등

의외로 스피치할 때 활용될 수 있는 접속사가 굉장히 많죠? 이 밖에도 다양한 접속사들이 쓰일 수 있습니다. 이를 활용해서 스피치를 해보겠습니다.

· 스피치 주제 : 가장 성취감을 느꼈던 순간

〈예시〉
대학시절 호주로 어학연수를 간적이 있습니다. 그때, 산악체험에 참가한 적이 있었는데 정말 힘들었습니다. 특히 가장 힘들었던 점은 300km를 일주일 동안 행군한 것입니다. 왜냐하면, 야산에서 잠을 자고 시냇물에 소독약을 타서 정수해서 마셔야 했기 때문이죠. 때로는 발에 물집이 잡혀 울음을 참으며 행군하기도 했습니다. 하지만, 저는 포기하지 않고 끝까지 노력했습니다. 그 결과, 목적지에 도착할 수 있었고, 이를 통해 강한 성취감을 느꼈습니다.

_____

_____

_____

_____

_____

· 스피치 주제 : 인공지능이 발달하면 일자리는 축소될 것인가?

〈예시〉
제 생각에는 인공지능이 발달해도 사람의 일자리는 유지될 것이라고 생각합니다. 물론, 단순 반복 작업이나 위험한 일은 인공지능이 대체할 수 있습니다. 하지만, 아티스트와 같이 감성에 기초한 직업은 대체하기 어렵다고 생각합니다. 또한, 인공지능의 발달로 신종 일자리가 창출될 수도 있기 때문에 그 결과 일자리는 축소되지 않을 것이라고 생각합니다.

_____

_____

_____

_____

_____

② 청중을 확! 집중시키기 : 다양한 멘트 활용하기

앞서 훈련한 접속사처럼 이번에는 주의를 집중시키는 다양한 멘트를 활용하여 훈련해봅시다. TV 홈쇼핑의 쇼호스트들을 통해 그 해답을 찾을 수 있는데요. 짧은 시간 안에 고객의 눈과 귀를 사로잡아 지갑을 열게 하기 위해 다양한 멘트들을 쏟아냅니다. 시청자들을 집중시켜야 하는 중요한 부분에서는 꼭 다음과 같은 집중멘트를 하는 것을 볼 수 있습니다.

· 여러분, 놀라지 마세요.

· 지금까지 제가 말씀드린 것은 다 잊으시고 이것만 기억하시면 됩니다.

· 가장 중요한 것은 바로!

· 지금 딱 10초만 집중해주세요.

· 오늘 방송의 핵심 포인트입니다.

· 제가 이건 어디가서 얘기 안하는 건데요.

· 많은 분들이 가장 궁금해 하시는 것이 있습니다.

이런 멘트 많이 들어보셨죠? 방송에서 이런 멘트 뒤에는 정말 중요한 내용이 나옵니다. 이처럼 스피치를 할 때에도 중요한 이야기 앞에 청중을 집중시킬 수 있는 멘트가 필요한 것이죠.

위 내용들을 응용하면 일상생활에서의 스피치나 발표에서도 유용하게 사용할 수 있습니다. 다음 멘트들을 활용하여 스피치 원고를 작성해볼까요?

가장 중요한 것은 / 꼭 기억해야 할 부분인데요. / 바로 / 많은 분들이 궁금해 하시는데요. / 오늘 이야기의 핵심내용입니다. / 잠시만 집중해주세요.

· 스피치 주제 : 나의 직업이 갖춰야 할 자질

〈예시〉
요즘 스피치의 중요성이 커지고 있습니다. 그래서인지 스피치 강사에 대한 관심도 늘고 있는데요. 혹시 이곳에도 스피치 강사를 꿈꾸는 분이 계시다면 잠시만 집중해주세요.
스피치 강사가 되기 위해서는 여러 가지 자질이 필요하지만 가장 중요한 것은 바로 역지사지의 마음이라고 생각합니다. 물론 스피치에 대한 지식이나 스킬도 중요하지만 이는 어느 정도 경험을 통해 축적될 수 있습니다. 하지만 상대방의 입장에서 생각하는 마음이 없다면 청중과 소통하기 어렵습니다. 또한, 청중이 고민하고 어려워하는 부분을 공감하지 못할 수 있죠. 역지사지의 마음. 이것이 오늘 이야기의 핵심입니다.

간결하게 말하기 훈련, 잘 따라 오고 계시죠? 이번에는 어휘에 대해 이야기해볼까 합니다. 어휘력이 부족해서 말을 잘 못한다고 생각하는 분들이 있습니다. 어휘력이란 어휘를 마음대로 부리어 쓸 수 있는 능력으로 말을 잘하기 위해서는 결국 1차적으로 쓸 수 있는 어휘가 많아야 하고, 2차적으로는 그것을 자신감 있게 쓸 수 있어야 합니다. 하지만 스피치나 말하기 자리 직전에 어휘의 양을 늘릴 수 있는 방법은 없습니다. 이는 평소에 책이나 신문 등을 보며 좋은 어휘, 사용하고 싶은 단어 등을 숙지하는 훈련이 필요하죠. 따라서 실제 스피치 무대에서는 현재 자신의 실력에서 자신감있게 어휘를 부리는 것에 집중해야 합니다. 왜냐하면 단어 욕심이 있는 분들은 더 좋은 단어, 더 세련된 어휘 사용에만 집중을 해서 결국 스피치를 망치는 경우가 많기 때문입니다.

사람들은 문장의 말미에서 단어 욕심이 더 커지는 경향이 있습니다. 그래서 고민하다가 문장을 얼버무리거나 흐지부지 되어버리기 일쑤이죠. 문장 말미에 사용하면 좋은 참 쉬운 표현에는 '~것'이 있습니다. 예를 들어 문장을 '~것입니다.'라고 간결하게 마무리 하는 것입니다.

예를 들면, "행복이란 무엇이라 생각하세요?"라는 질문에 쉽게 "행복이란 자기 스스로 만족하는 것입니다."라고 대답할 수 있습니다. 그러나 단어 욕심이 있는 분들은 "행복이란 자기 스스로 만족하는 마음가짐이라고 생각해요"라며 단어를 하나 더 사용해서 더 완벽하게 말하려고 노력합니다. 물론 후자가 더 그럴싸해 보일 수 있지만 앞에서도 강조했듯이 스피치는 자신의 의도가 잘 전달됐는지가 일차적인 목표입니다. 얼마나 완성도 있게 말했느냐는 두 번째 문제이죠.

발표나 스피치에서는 어렵게 말하려고 하는 순간 말문이 막힐 수 있습니다. 실제 스피치에서는 가급적 쉽게 표현하려고 노력하고 부족한 어휘는 준비단계에서 채우시면 됩니다.

또한 욕심이 클수록 단어를 반복 사용하는 것에 대해 거부감을 갖는 경우가 많습니다. 예를 들어, 프레젠테이션 시 슬라이드가 넘어갈 때 첫 멘트로 '다음은~'을 많이 사용합니다.

"다음은 사업의 배경 및 목적입니다."
"다음은 사업의 컨셉에 대해 말씀드리겠습니다."
"다음은 사업의 일정에 대해 말씀드리겠습니다."

이렇게 '다음은~'을 반복 사용하는 것이 청중 입장에서는 전혀 문제되지 않지만 욕심이 과한 발표자들은 '다음은'을 반복 사용하는 것이 자신의 부족함으로 비칠 수도 있다는 생각에 이를 무리하게 바꾸려고 하기도 합니다.

다양한 어휘와 문장을 사용하는 것이 물론 더욱 풍성한 스피치를 만들어주기도 합니다. 하지만 준비단계에서 노력하는 것이지, 실전 스피치 상황에서 급작스럽게 바꾸어 말하려고 하다보면 오히려 실수가 나올 수도 있기 때문에 무리하면 안 됩니다. 실전 스피치에서는 여러분에게 익숙한 표현을 사용해야 실수를 줄일 수 있습니다. 청중은 여러분이 어떠한 단어를 사용했는지, 몇 번 반복해서 사용했는지에 대해 전혀 관심이 없습니다. 이 점을 참고하셔서 다음 그래프를 보며 최대한 쉬운 단어로 스피치 해보시기 바랍니다.

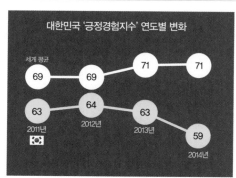

대한민국 '긍정경험지수' 연도별 변화

세계 평균

69　69　71　71

63　64　63

59

2011년　2012년　2013년　2014년

〈갤럽 2014년 긍정경험지수 조사〉

대한민국 긍정경험지수 연도별 변화에 대해 말씀드리겠습니다.

〈예시〉

대한민국 긍정경험지수 연도별 변화에 대해 말씀드리겠습니다.

세계평균 긍정경험지수를 보면

2011년, 2012년 69를 기록했지만(~로 나타났지만)

2013년, 2014년에는 71로 소폭 상승했습니다.(~조금 올랐습니다.)

반면(하지만) 대한민국의 긍정경험지수는 2012년 이후 계속 하락해(떨어져)

2014년에는 59를 기록했습니다.(~를 보였습니다.)

간결함이란 앞서 강조했듯이 '간단', '쉬운'이라는 의미도 있지만 '깔끔'이라는 의미도 있습니다. 깔끔하게 스피치 하기 위해서는 군더더기를 버려야 합니다. 좀 더 자세하게 설명해보면, '에~', '그~', '저~', '이제~', '뭐냐~'처럼 쓸데없이 덧붙이는 말들이라고 할 수 있죠. 이러한 군더더기는 청중에게 정돈되지 못한 이미지를 부여합니다. 이렇게 필요 없는 표현들을 말하는 이유는 말을 끌면서 다음 말을 생각할 시간적인 여유를 얻기 위해서입니다. 빨리 말하고 싶은데 생각은 바로바로 나지 않아 시간을 끌며 뭐라도 말해야 하는 심정인 것이죠.

그렇다면, 군더더기 말을 어떻게 없애야 할까요? 그것은 바로 군더더기 말을 할 타이밍에 침묵하는 것입니다. 침묵하는 시간을 통해 다음에 어떤 이야기를 해야 할지 방향을 정한 후 문장을 이어가는 것입니다. '오히려 말을 하지 말고 침묵을 해라?' 어떻게 해서든 청중에게 말을 전달해야하는 스피치에서 반전으로 침묵이 핵심 포인트라니 좀 아이러니하고 어색하죠? 우리가 이렇게 침묵을 어렵게 느끼는 이유는 아마도 중간에 침묵을 하면 너무 긴 시간 말을 하지 않는 것 같아 보일까봐, 청중에게 잊어버린 것 같은 이미지를 줄까봐 하는 걱정 때문일 것입니다. 특히 긴장감이 심할수록 잠깐의 침묵도 여유 있게 받아들이지 못하는 모습을 보이는데요. 0.5초의 침묵이 발표자에게는 2배로 길게 느껴질 수 있지만 문장 간 여유를 준다면 청중 역시 내용을 소화할 수 있는 시간적 여유를 갖기 때문에 오히려 전달력에 도움이 됩니다. 따라서 말을 깔끔하게 하기 위해서는 군더더기 말 대신 침묵하고 이를 자연스럽게 받아들이는 노력이 필요합니다. 다음 내용을 참고해볼까요?

스피치 주제 : 존경하는 인물 소개하기

(음~) 제가 존경하는 인물은 (어~) 김구 선생님입니다. (그~) 일제 강점기 때, (그~) 대한민국 임시정부가 (그~) 재정난으로 무너질 위기에 처했을 때, (음~) 오직 나라를 구하고자 하는 신념으로 (그~) 한인애국단을 창단하신 (뭐냐~) 결단력 (이랄까?) 본받고 싶습니다. (어~) 김구 선생님의 용기 덕분에 (뭐~) 임시정부는 (이제~) 새로운 국면을 맞이했고, (그~) 위태로웠던 우리나라의 기반이 (이제) 다시 세워질 수 있었습니다. (어~) 우리나라를 위해 헌신하신 김구 선생님의 (그~뭐랄까) 애국심을 기억해주시기 바랍니다.

〈예시〉

(침묵) 제가 존경하는 인물은 (침묵) 김구 선생님입니다. (침묵) 일제 강점기 때, (침묵) 대한민국 임시정부가 (침묵) 재정난으로 무너질 위기에 처했을 때, (침묵) 오직 나라를 구하고자 하는 신념으로 (침묵) 한인애국단을 창단하신 (침묵) 결단력을 본받고 싶습니다. (침묵) 김구 선생님의 용기 덕분에 (침묵) 임시정부는 (침묵) 새로운 국면을 맞이했고, (침묵) 위태로웠던 우리나라의 기반이 (침묵) 다시 세워질 수 있었습니다. (침묵) 우리나라를 위해 헌신하신 김구 선생님의 (침묵) 애국심을 기억해주시기 바랍니다.

쉽게 실천할 수 있는 부분이니 한번 훈련해볼까요? 먼저, 녹음기나 핸드폰 녹음기능을 이용해서 다음의 주제로 즉석 스피치를 해보겠습니다. 사전준비 없이 즉석 스피치를 해야 군더더기 말을 얼마나 많이 사용하는지 확인이 쉬울 것입니다.

① 즉석 스피치 주제 : 나의 성격의 장점 소개하기

　스피치를 했다면 한번 녹음된 음성을 들어보세요. 어떠신가요? 군더더기 말없이 깔끔하게 말씀하시는 분도 계시겠지만 대부분은 앞서 언급한 대로 '어~~~ 음~~~ 이제~~~' 등의 불필요한 표현을 하시는 분들이 많을 것입니다.

물론 긴 시간 발표를 하다보면 한두 번 군더더기 말이 붙는 것은 자연스러운 현상으로 생각할 수 있습니다. 하지만 같은 군더더기 말이 너무 반복적으로 사용되거나 문장 앞머리에 군더더기 말이 항상 붙어 있는 경우라면 개선을 할 필요가 있습니다.

② 즉석 스피치 주제 : 이번 주 주말 나의 계획을 설명하기

　다시 한번 녹음하되 가급적 군더더기 말이 나올 때는 침묵해서 좀 더 깔끔한 스피치를 해보시기 바랍니다.

트레이닝 5. 양다리 걸치지 않기 : 모호한 주장 하지 않기

　지금까지 훈련한 마침표 많이 찍기, 집중멘트 사용하기, 쉬운 단어 사용하기, 군더더기 버리기만 내 것으로 확실하게 만들어도 간결한 스피치에 상당한 효과를 보실 수 있을 것입니다.

　지금부터 설명 드리는 부분은 상대방에 대한 배려가 너무 큰 분들이나 자신의 이야기가 마치 자랑처럼 비칠 것 같아 꺼려하는 분들에게 드리는 팁이니 참고하시면 좋겠습니다.

　배려심이 큰 분들은 상담을 하거나 소규모 대화를 할 때는 더할 나위 없이 소통이 잘

됩니다. 그러나 자신의 주장을 명확히 해야 하는 스피치나 발표, 강연 등에서는 오히려 배려심이 지나쳐서 모두의 의견을 수용하려고 하다 보니 논점이 흐려질 때가 생깁니다.

예를 들어보겠습니다. 리더들을 대상으로 '장기적인 안목의 중요성'에 대해 스피치한다고 가정해보겠습니다. 그 사례로 열심히 풀을 뜯는 토끼를 단기적인 시야에, 상공을 나는 매를 장기적인 시야에 빗대어 설명하려고 합니다.

앞서 2 Step에서 배운 스피치 뼈대를 활용해 구성해본다면, 다음처럼 할 수 있겠죠?

주장 : 리더는 장기적인 시야를 가져야 합니다.
이유 : 왜냐하면, 깊은 생각 없이 당장의 이익만 생각한다면 후에 엄청난 손실로 이어질 수 있기 때문입니다.
사례 : 예를 들면, 여기 토끼가 있습니다.
　　　토끼는 당장 배고픔을 해소하기 위해 열심히 풀을 뜯습니다.
　　　하지만 어디에 천적이 있고, 어디에 위험한 낭떠러지가 있는지는 모르죠.
　　　그러다 하늘에서 자신을 발견한 매에 잡아먹힐 수 있습니다.
정리 : 그래서 이처럼 리더의 결정은 기업의 생사와 관련 있기 때문에 장기적인 시야를 가져야 합니다.

자, 대망의 스피치 무대에 섰습니다. 준비한 대로만 스피치 하면 되는데 배려심이 너무 많은 사람은 순간 "단기적인 시야도 중요하다고 생각하는 사람들이 있을 텐데…"라는 걱정을 하거나 "너무 장기적인 계획만 강조하는 거 아닌가? 잘난척한다고 생각하면 어떡하지?"라는 의문을 가지게 됩니다. 그러면서 하나의 확실한 주제가 아닌 양다리를 걸치며 모두를 만족시키는 스피치를 하려고 하죠. 그러다보니 다음과 같이 논점이 모호한 스피치를 하게 되는 경우가 생깁니다.

주장 : 리더는 장기적인 시야를 가져야 합니다.

이유 : 왜냐하면, 깊은 생각 없이 당장의 이익만 생각한다면 후에 엄청난 손실로 이어질 수 있기 때문입니다.

사례 : 예를 들면, 여기 토끼가 있습니다.

　　　토끼는 당장 배고픔을 해소하기 위해 열심히 풀을 뜯습니다.

　　　이것도 중요합니다. 당장 주어진 일을 완수하고, 이슈에 빠르게 대처해야 합니다.

　　　또한, 지금 당장의 이익이 있어야 장기적인 미래도 세울 수 있습니다.

　　　그러나 매처럼 장기적인 시야도 가져야 합니다.

　　　어디에 천적이 있고, 어디에 낭떠러지가 있는지도 파악해야 합니다.

정리 : 그래서 장기적인 안목은 리더에게 필요합니다.

위와 같은 스피치를 듣게 되면 청중의 입장에서는 어떨까요? 말하고자 하는 바가 정확히 무엇인지 모호해지면서 혼란스러워지겠죠. 따라서 스피치에서는 자신이 주장하고자 하는 바를 명확하게 표현해야합니다. 만약, 다른 의견도 포용하고 싶다면 아래와 같이 전체 의미에 영향을 주지 않을 정도여야함을 참고하세요.

주장 : 리더는 장기적인 시야를 가져야 합니다.

이유 : 왜냐하면, 깊은 생각 없이 당장의 이익만 생각한다면 후에 엄청난 손실로 이어질 수 있기 때문입니다.

사례 : 예를 들면, 여기 토끼가 있습니다.

　　　토끼는 당장 배고픔을 해소하기 위해 열심히 풀을 뜯습니다.

　　　하지만 어디에 천적이 있고, 어디에 위험한 낭떠러지가 있는지는 모르죠.

　　　그러다 하늘에서 자신을 발견한 매에 잡아먹힐 수 있습니다.

　　　물론 당장의 이익도 중요할 수 있습니다.

　　　하지만, 기업을 오랫동안 경영하고 발전시키고 싶다면, 장기적 관점이 꼭 필요합니다.

정리 : 그래서 장기적인 시야를 가져야합니다.

final 트레이닝

앞에서 배운 훈련을 기억하며 다음 주제에 대한 짧은 스피치 원고를 작성해봅시다.

① 즉석 스피치 주제 : 나의 롤모델 소개하기

② 즉석 스피치 주제 : 꼭 만나보고 싶은 사람 이야기하기

적극적인 자세로
표현하기

적극적인 자세로
표현하기

: 무엇을 말하느냐보다 어떻게 표현하느냐가 더 중요합니다.

준비하기

■ 청중은 보이는 대로 믿는다.

스피치 내용준비를 끝냈으니 이제 본격적으로 청중 앞에 서는 훈련을 해보겠습니다.
여러분은 스피치를 할 때 '내용'과 '표현' 중 무엇이 더 중요하다고 생각하시나요? 물론
둘 다 중요하지만 아무리 잘 알고 있는 지식도 청중에게 전달이 되지 않으면 스피치의
목적을 달성할 수 없기 때문에 표현이 중요하다고 생각하는 분들이 많이 계실 겁니다.
실제로 같은 말이어도 누가 하느냐에 따라 의미가 달라지는 경우가 많고, 같은 말이어
도 어떤 표정으로, 어떤 말투로 하느냐에 따라 전달력이 달라지죠.

예를 들어 상대방이 나에게 아무리 좋은 말을 하더라도 퉁명스러운 말투로 말한다면
기분 나쁘게 들리겠죠. 반대로 부탁을 할 때 웃으면서 부드러운 말투로 말한다면 반감
을 줄일 수 있습니다. 결국 스피치는 자신의 생각을 타인에게 전달하는 행위이기 때문
에 표현이 중요하다고 할 수 있습니다.

그런데, 만약 내일 당장 회사에서 프레젠테이션을 해야 하거나 학교에서 과제발표를 해야 하는 경우, 중요한 모임에서 한마디를 해야 하는 경우라면 오늘 어떤 것에 집중해야 할까요? 아마도 여러분은 내용에 집중을 할 것입니다. 자료를 찾고, 구성하고, 만들고, 즉 무엇을 말할까에 집중을 할 것입니다.

하지만 반대로 청중은 무엇을 가장 먼저 볼까요? 바로 발표자가 어떤 자세로 말하는지를 먼저 보게 됩니다. 사람은 눈, 귀 등 감각적인 부분에서 먼저 영향을 받기 때문이죠. 여러분이 청중이라고 생각을 해보세요. 발표자가 연설을 하러 무대에 오릅니다. 그때, '나에게 어떤 이야기를 할까'에 대한 관심도 있지만, '저 사람은 표정이 저렇구나', '목소리가 참 좋다.'와 같이 보이고 들리는 것에도 관심을 가지게 될 것입니다.

청중은 왜 발표자의 표현에 집중할 수밖에 없을까요? 그 이유는 잘 모르는 낯선 사람이기 때문입니다. 대화는 보통 서로 잘 아는, 낯익은 사람과 주로 이뤄집니다. 그래서 내가 시선을 잘 맞추지 못하거나 목소리를 작게 하여도 '이 사람은 원래 이러니까.'라고 이해하고 알아듣는 경우도 많습니다. 하지만 스피치는 처음 보는 사람 앞에 서는 경우가 대부분입니다. 청중은 발표자에 대한 정보가 없기 때문에 어떤 사람이고 어떤 이야기를 할지 파악하려고 하겠죠.

사람을 파악하는 데 있어 자세, 시선, 표정, 말투 등 보고 들리는 요소들은 매우 중요합니다. 첫인상이 불과 몇 초만에 판가름 된다는 유명한 이야기와 일맥상통할 수 있죠. 또한, 청중은 발표자의 행동을 더 믿으려는 경향이 있습니다. 예를 들어, '저는 하나도 떨리지 않습니다.'라고 말을 하고 있지만 손으로는 탁자를 계속 치거나 시선을 여기저기 계속 움직인다면 청중은 어떤 생각을 할까요? '저 사람은 떨리지 않는다고 말하지만 사실은 되게 떨리나보다. 내용이 별로 자신 없어서 저렇게 떠는건가?' 하고 생각하겠죠. 결국 청중은 발표자의 몸짓, 손짓, 표정 등이 그 사람의 속마음을 대변한다고 생각합니다. 이러한 발표자에 대한 평가는 곧 스피치 내용에 대한 공신력으로 이어질 수 있습니다.

■ '무엇을 말할까'보다는 '어떻게 표현할까'에 집중하자.

미국의 유명 심리학자인 알버트 메라비안은 어떤 메시지를 상대방에게 전달하려고 할 때, 말 자체의 의미보다는 음색이 훨씬 중요하다는 연구결과를 얻었습니다. 또, 음색과 얼굴 표정 같은 비언어적 요소의 중요성을 조사했더니 음색과 표정의 중요성이 2:3이라는 결과를 도출하게 되었습니다. 이를 통해 사람 간의 의사소통에서 언어적 요소 즉, 내용이 차지하는 비중은 전체의 7%에 불과하고, 청각적 요소는 38%, 시각적 요소가 55%를 차지한다는 결론을 도출하였습니다. 이처럼 우리는 언어적 요소보다 오히려 언어가 아닌 것으로 전달되는 비언어적 요소의 중요성을 기억해야 합니다.

스피치에서 말하는 시각적 요소는 청중의 눈으로 발표자를 관찰할 수 있는 부분을 말합니다. 발표자세, 인사자세, 시선처리, 표정, 제스처, 복장 등 매우 다양하죠. 또한 청각적 요소는 발표할 때 들리는 목소리입니다. 목소리 크기, 발음, 억양, 톤, 속도, 리듬 등이라고 할 수 있죠. 이러한 부분에 집중한 스피치는 여러분의 생각을 더 적극적으로 전달하는 것처럼 보여 청중에게 신뢰감을 줄 수 있습니다.

스피치에서 내용이 중요하게 차지하는 비율이 7%밖에 되지 않는다니 좀 의아해 하시는 분들도 많으실 겁니다. 한번 예를 들어서 살펴보도록 하겠습니다. 전화통화를 할 때와 얼굴을 직접 보며 대화할 때, 어떤 상황에서 의사소통이 더 원활한지 생각해보면 이해가 쉬울 겁니다. 전화통화를 할 때는 오로지 청각적 요소인 목소리로만 상대방을 파악해야 하기에 소통이 잘 이뤄지지 않을 때도 있고 오해가 생기기도 쉽습니다. 하지만, 실제로 마주보고 대화를 하면 목소리뿐만 아니라 눈썹의 움직임, 시선처리, 손의 움직임 등을 볼 수 있죠. 그만큼 상대방을 파악할 수 있는 정보가 많기 때문에 상대방의 의도나 상태를 잘 파악할 수 있고, 원활하게 소통할 수 있는 것입니다. 또한, 갈등상황에서도 갈등이 크게 확산되는 요인은 '너 말투가 왜 그래?', '내가 말하는 데 왜 딴짓해?', '태도가 왜 불량하냐!'에서 볼 수 있듯이 비언어적 요소에서 많이 이뤄집니다. 이처럼 비언어적 요소가 얼마나 중요한지 이제 이해가 되시죠?

이러한 비언어적 요소의 중요성은 짧은 스피치일수록 효과적입니다. 다시 말해, 스피치 시간이 길어지면 청중은 발표자의 비언어적 요소보다는 내용에 더 집중하는 경향을 띠고 있습니다. 결국, 스피치에서 내용이 중요하지 않다는 것이 아니라 스피치를 할 때, 그동안 중요하게 생각했던 내용만큼이나 표현에 신경을 써야 하고, 스피치 길이에 따라 좀 더 중점적으로 신경써야 하는 부분이 다르다는 것입니다. 그러니 짧은 시간에 청중의 마음을 사로잡아야 하는 스피치일수록 표현에 집중해 준비하면 더욱 효과적일 것입니다.

표현은 내용이 아닌 것으로 전달되는 모든 것을 말합니다. 목소리, 시선, 손짓, 표정 등 발표자 내부에 기인한 것도 포함되지만 발표하는 환경, 심지어 청중의 컨디션도 스피치 전달력에 영향을 주기 때문에 광의의 범위에서 표현이라 볼 수 있습니다.

스피치를 하기 전날, '완벽한 내용준비를 하지 못했는데 과연 배운대로 목소리를 자신감 있게 할 수 있을까?'라는 걱정이 되실 겁니다. 하지만 우리가 기억해야 할 것은 내가 작은 목소리로 말을 한다면, 청중들은 작은 목소리를 듣고 자신감이 없다는 것을 바로 알 수 있다는 것입니다. 청중은 보이고 들리는 대로 믿습니다. 따라서 미흡한 준비에도 떨지 않고 발표현장에서 집중할 수 있는 부분을 신경써야 합니다. 이미 여러분이 발표무대에 섰다면 내용을 수정할 수도 추가할 수도 없습니다. 하지만 시선을 맞추는 노력, 목소리를 크게 하는 노력, 안정된 자세를 취하는 노력은 충분히 할 수 있습니다. '자신감이 없으니까 이정도만 해야겠다'가 아니라 '자신감이 없지만 그럼에도 불구하고 내가 표현할 수 있는 부분에 최선을 다하자'라는 자세가 필요합니다. 그러한 모습에 청중은 감동을 받고 여러분의 스피치에 귀를 기울일 것입니다.

이 역시 훈련이 되지 않으면 실제 현장에서 실력발휘를 하기 어렵습니다. 따라서 충분한 리허설과 연습을 통해 자신감이 생겼다면 실전 스피치 무대에서 적극적으로 표현해보시길 추천드립니다.

이번 4 Step에서는 시각적 요소에 대해 먼저 훈련해보겠습니다. 많은 시각적 요소 중에서도 가장 중요한 인사자세, 발표자세, 표정, 시선처리, 제스처 등 5가지 스킬에 대해서 훈련할 예정입니다. 거울을 보며 훈련하거나 핸드폰으로 촬영을 해서 스스로 모니터링 하시길 추천합니다. 그럼 지금부터 트레이닝을 시작해볼까요?

실전 트레이닝 적극적으로 표현하기

트레이닝 1. 당당한 첫 대면, 인사자세

① 기본적인 인사자세

1. 차렷 자세를 유지합니다.

2. 차렷 자세에서는 두 발을 모으고, 손은 살짝 주먹을 쥔 채 바지 옆선에 붙입니다.

3. 말인사, 몸인사를 따로 합니다.

   (보통 청중이 발표자를 모두 응시할 경우 몸인사를 먼저 해도 무방하지만, 집중이 필요할 때는

   말인사를 먼저 한 후 몸인사를 합니다.)

4. 어깨나 등이 구부정하지 않도록 45도 정도로 몸인사를 합니다.

5. 이때, 시선은 고개와 함께 자연스럽게 아래로 향하게 하고, 발끝에서 30cm 앞쪽을 응시합니다.

6. 천천히 고개를 들어 청중과 시선을 맞추며 환영박수를 듣습니다.

7. 마지막 인사 시 말인사 '감사합니다.'를 먼저 한 후 몸인사를 합니다.

– 인사준비자세 Best

– 인사준비자세 Worst

(짝다리나 팔짱을 끼는 것은 절대 No No!)

− 인사자세 Best

− 인사자세 Worst

(뒷짐을 지고 인사하는 것은 예의에 어긋나는 행동이랍니다.)

② 대규모 스피치 무대

> * 사회자와 스피치 연단이 있고, 주로 행사나 설명회 등 많은 수의 청중 앞에서 스피치 하는 상황입
> 니다. 청중 속에서 대기 후 무대로 올라오는 과정 순으로 설명하겠습니다.
>
> 1. 바른 자세로 기다립니다.
> 2. 호명 후 일어섭니다.
> 3. 자세를 바로 하고 천천히 걷습니다. 이때, 시선은 땅을 보지 않고 정면을 응시합니다.
> 4. 사회자와 시선을 맞추고 예의를 표시합니다.
> 5. 연단 옆자리 또는 연단 뒤로 한 걸음 물러나 몸으로 인사합니다.
> 6. 연단 앞에 서서 말로 자기소개를 합니다. "안녕하십니까. ○○○입니다."
> 7. 마지막 인사 시에는 말인사 "감사합니다."를 먼저 한 후 연단 옆 또는 연단 뒤로 한 걸음 물러나
> 몸으로 인사합니다.

– 연단에서 인사하기, 발표하기

(연단에서 발표할 때 몸이 너무 연단에 기대어 있지 않도록 유의합니다.)

③ 스스로 연습하기

인사자세는 반복적으로 훈련해봅시다.

스피치 주제 : 좋아하는 음식 소개하기

(말인사) "안녕하십니까 ○○○입니다." (허리 숙여 몸인사)

지금부터 제가 좋아하는 음식에 대해 소개해드리겠습니다.

제가 좋아하는 음식은 _____ 입니다.

왜냐하면, _____ 입니다.

예를 들면, _____ 입니다.

그래서 제가 좋아하는 음식은 _____ 입니다.

이상으로 발표를 마치겠습니다.

감사합니다. (허리 숙여 몸인사)

스피치 주제 : 싫어하는 음식 소개하기

(말인사) "안녕하십니까 ○○○입니다." (허리 숙여 몸인사)

지금부터 제가 싫어하는 음식에 대해 소개해드리겠습니다.

제가 싫어하는 음식은 _____ 입니다.

왜냐하면, _____ 입니다.

예를 들면, _____ 입니다.

그래서 제가 싫어하는 음식은 _____ 입니다.

이상으로 발표를 마치겠습니다.

감사합니다. (허리 숙여 몸인사)

① 기본적인 발표자세

1. 인사를 한 후 두 발은 어깨 넓이보다 조금 좁게 벌립니다.

   (두 발을 붙이거나 너무 좁게 벌리면 몸통을 움직이며 시선을 처리할 때 어려움이 있습니다.)

2. 양손을 살짝 마주 잡은 채 허리 위치에 놓습니다.

   (이 자세는 제스처를 하기 전 기본자세임을 기억하세요!)

– 기본적인 발표자세 Best

– 기본적인 발표자세 Worst

(어깨가 너무 움츠러들면 소극적으로 보여
청중들에게 신뢰감을 줄 수 없습니다.)

② 프레젠테이션 발표자세

1. 인사를 한 후 몸을 PPT 화면과 청중 사이의 대각선 형태로 위치시킵니다.

   (추후 PPT와 청중을 유연하게 바라보며 프레젠테이션을 할 수 있도록 하기 위해서입니다.)

2. PPT에 가까운 손으로 프레젠터(포인터)를 들고 양손을 포갠 채 허리위치에 놓습니다. 이때, 프레젠터(포인터)를 든 손이 위로 오게 합니다.

   (너무 의식하면 오히려 부자연스러우니 자연스럽게 손을 포개놓으세요.)

− 프레젠테이션 발표자세 Best

‒ 프레젠테이션 발표자세 Worst

(주머니에 손을 넣고 삐딱하게 서서 발표하면 건방진 인상을 줄 수 있겠죠?)

③ 마이크 사용 발표자세

1. 인사를 한 후 한 손으로 마이크를 잡고, 다른 한 손은 차렷자세를 유지합니다.
2. 마이크와 프레젠터(포인터)를 같이 사용할 경우, 한 손은 마이크를 들고 다른 한 손은 프레젠터
   (포인터)를 들고 차렷자세를 유지합니다.
3. 마이크대가 가슴쪽에 위치하도록 하여 입과 마이크 사이 거리가 너무 가까워 소리가 울리지 않
   도록 합니다.

– 마이크 사용 발표자세 Best

– 마이크 사용 발표자세 Worst

(연단에 너무 기대거나, 마이크를 노래방 마이
크처럼 잡지 않도록 유의하세요.)

④ 스스로 연습하기

앞에서 작성한 스피치 원고를 바탕으로 발표자세를 신경쓰며 연습해보세요.

스피치 주제 : 좋아하는 음식 소개하기

(말인사) "안녕하십니까 ○○○입니다." (허리 숙여 몸인사)

(발표자세) 지금부터 제가 좋아하는 음식에 대해 소개해드리겠습니다.

제가 좋아하는 음식은 _____ 입니다.

왜냐하면, _____ 입니다.

예를 들면, _____ 입니다.

그래서 제가 좋아하는 음식은 _____ 입니다.

이상으로 발표를 마치겠습니다.

감사합니다. (차렷으로 돌아와 허리 숙여 몸인사)

스피치 주제 : 싫어하는 음식 소개하기

(말인사) "안녕하십니까 ○○○입니다." (허리 숙여 몸인사)

(발표자세) 지금부터 제가 싫어하는 음식에 대해 소개해드리겠습니다.

제가 싫어하는 음식은 _____ 입니다.

왜냐하면, _____ 입니다.

예를 들면, _____ 입니다.

그래서 제가 싫어하는 음식은 _____ 입니다.

이상으로 발표를 마치겠습니다.

감사합니다. (차렷으로 돌아와 허리 숙여 몸인사)

트레이닝 3. 우호적인 분위기를 위한 밝은 표정

① 미소 훈련

1. 거울을 보며 '이' 발음을 해봅니다.

   (이때 윗입술 입꼬리가 올라가면 윗니가 많이 보이고, 입꼬리가 떨어지거나 평평하면 아랫니가 많

   이 보이게 되는데, 예쁜 미소는 윗니가 많이 보여야 함을 기억하세요.)

2. 윗니가 많이 보이게 신경쓰며 발음해봅시다.

기 니 디 리 미 비 시 이 지 치 키 티 피 히   그 느 드 르 므 브 스 으 즈 츠 크 트 프 흐   게 네 데 레 메 베 세 에 제 체 케 테 페 헤

3. '이' 발음을 유지하며, 웃는 얼굴로 인사해봅시다.

이 – 안녕하세요. ○ ○ ○입니다.   이 – 만나서 반갑습니다.   이 – 즐거운 시간 보내시기 바랍니다.   이 – 끝까지 경청해주셔서 진심으로 감사합니다.

– 자연스러운 미소 Best

– 자연스러운 미소 Worst

(입꼬리가 내려가면 자연스럽지 않은 미소가 됩니다.)

② 밝은 표정을 만드는데 도움이 되는 문장

천천히, 빠르게 다양한 속도로 표정을 신경쓰며 소리내어 반복해서 읽어보세요.

내가 그린 기린 그림은 잘 그린 기린 그림이고

네가 그린 기린 그림은 못 그린 기린 그림이다.

구름이 그린 구름 그림은 참 예쁜 구름 그림이고

바람이 그린 구름 그림은 참 멋진 구름 그림이다.

오늘은 이천십칠년 칠월 칠일 금요일입니다.

칠월 칠일은 평창 친구 친정 칠순 잔칫날

도토리가 문을 도로록, 드르륵, 두루룩 열었는가

드로록, 도루륵, 두르룩 열었는가

또르륵 또르륵 굴러가는 도토리

아리랑 아리랑 아라리오

③ **스스로 연습하기**

밝은 표정을 의식하며 반복적으로 훈련해봅시다. 계속 미소를 지으며 말하기 힘들다
면 첫 인사와 마지막 인사 시 미소를 지어보세요.

스피치 주제 : 좋아하는 계절 소개하기

(미소 지으며) "안녕하십니까 ○○○입니다."

지금부터 제가 좋아하는 계절에 대해 소개해드리겠습니다.

제가 좋아하는 계절은 _____ 입니다.

왜냐하면, _____ 입니다.

예를 들면, _____ 입니다.

그래서 제가 좋아하는 계절은 _____ 입니다.

이상으로 발표를 마치겠습니다.

(미소 지으며) 감사합니다.

스피치 주제 : 좋아하는 노래 소개하기

(미소 지으며) "안녕하십니까 ○○○입니다."

지금부터 제가 좋아하는 노래에 대해 소개해드리겠습니다.

제가 좋아하는 노래는 _____ 입니다.

왜냐하면, _____ 입니다.

예를 들면, _____ 입니다.

그래서 제가 좋아하는 노래는 _____ 입니다.

이상으로 발표를 마치겠습니다.

(미소 지으며) 감사합니다.

트레이닝 4. 눈으로 공감하기, 시선처리

① 기본 시선처리 훈련

1. 정면을 보고 인사합니다.

   (한 방향으로 치우쳐서 인사하면 불안정하게 보이고, 다른 사람들이 소외감을 느낄 수 있습니다.)

2. 이야기 전개와 함께 자연스럽게 시선을 움직입니다.

3. 시선은 오른쪽, 가운데, 왼쪽 3방향으로 골고루 움직입니다.

   (순서는 상관없지만, 한 방향에 치우치지 않도록 노력합니다.)

4. 한 문장이 끝날 때까지 시선을 고정시킵니다.

   (시선처리에서 가장 중요한 것은 눈을 맞추고 이야기하는 것입니다. 따라서 한 곳에 시선이 몇
   초간 머물 수 있도록 합니다.)

5. 시선을 움직일 때는 상체와 같이 움직이도록 합니다.

   (눈만 움직이거나 고개만 움직이지 않도록 하고, 허리를 틀어서 몸통의 방향과 시선의 방향이 일
   치하도록 합니다.)

6. 시선처리는 청중의 눈을 보는 것을 원칙으로 합니다.

   (만약 눈맞춤이 어렵다면 소규모 스피치에서는 얼굴 전체나 인중 또는 미간을 봐도 무방합니다.
   대규모 스피치에서는 사람의 눈이 잘 보이지 않기 때문에 포인트(점)를 찍어서 골고루 보도록
   합니다.)

7. 정면을 보고 마무리 인사를 합니다.

– 시선처리하기 Best

– 시선처리하기 Worst

(눈이나 고개만 움직이지 않도록 유의합니다.)

② 프레젠테이션 시 시선처리 훈련

1. PPT 화면과 청중, 2방향을 원칙으로 합니다.

   (PPT 화면을 볼 때는 슬라이드에 시선을 집중하고, 청중을 바라볼 때는 청중에 집중합니다. 한 문장에서 청중과 슬라이드를 계속 번갈아 보는 것은 매우 산만하게 보일 수 있습니다.)

2. PPT 화면에 없는 부연설명을 할 때는 청중과 눈맞춤을 합니다.

   (시선의 3방향을 기억하며 한 방향에 편중되지 않도록 골고루 눈맞춤 합니다.)

③ 연설문 등 원고 리딩 시 시선처리 훈련

1. 원고와 청중, 2방향을 원칙으로 합니다.

   (원고를 읽을 때는 원고에 집중을 하되, 중요한 부분이나 마지막 문장 정도는 청중을 바라보며 말합니다.)

2. 청중과 원고를 번갈아가며 봐야 하므로 읽는 위치를 잊어버리지 않도록 한 손으로 표시하며 읽습니다.

④ **스스로 연습하기**

시선을 3방향(오른쪽, 정면, 왼쪽)으로 나누어 한 문장을 말할 때, 한 방향씩 시선을 머무르며 스피치 연습을 해보세요.

스피치 주제 : 좋아하는 계절 소개하기

(정면 시선) 안녕하십니까 ○○○입니다.

지금부터 제가 좋아하는 계절에 대해 소개해드리겠습니다.

(오른쪽 시선)

제가 좋아하는 계절은 _____ 입니다.

(정면 시선)

왜냐하면, _____ 입니다.

(왼쪽 시선)

예를 들면, _____ 입니다.

그래서 제가 좋아하는 계절은 _____ 입니다.

(정면 시선)

이상으로 발표를 마치겠습니다. 감사합니다.

스피치 주제 : 좋아하는 노래 소개하기

(정면 시선) 안녕하십니까 ○ ○ ○입니다.

지금부터 제가 좋아하는 노래에 대해 소개해드리겠습니다.

(오른쪽 시선)

제가 좋아하는 노래는 _____ 입니다.

(왼쪽 시선)

왜냐하면, _____ 입니다.

(정면 시선)

예를 들면, _____ 입니다.

그래서 제가 좋아하는 노래는 _____ 입니다.

(정면 시선)

이상으로 발표를 마치겠습니다. 감사합니다.

트레이닝 5. 적극적으로 소통하는 제스처

① 제스처 훈련

1. 앞서 배운 발표 기본자세(두 손을 마주잡은 자세)를 유지합니다.

2. 중요한 내용 또는 강조하고 싶은 부분, 사물의 형상을 표현하고자 하는 부분에서 손짓을 합니다.

3. 제스처를 할 때는 마치 축구공 옆면을 잡았다는 생각으로 손바닥을 둥글게 유지하는 것이 자연 스럽습니다.

4. 제스처는 몸통에서 1.5배 정도 넓게 위에서 아래로 당당하게 표현합니다.

   (손이 어깨 위로 올라가면 과시하거나 산만해 보이며, 허리 아래에서 제스처 할 경우 소극적으로 보일 수 있습니다. 어색하더라도 자신감있게 동작을 크게 움직이세요.)

5. 팔꿈치는 몸통에 붙지 않도록 하며, 손목이 꺾이지 않도록 합니다.

6. 제스처를 한 후에는 다시 기본자세를 유지합니다.

– 제스처하기 기본자세 Best

− 제스처하기 1

− 제스처하기 2

− 제스처하기 Worst

(제스처하는 손이 허리 밑으로 내려가거나 팔이 너무 몸에 붙으면 소극적으로 보일 수 있습니다.)

② 원고를 읽으며, 밑줄 친 부분에서 마음껏 제스처 해봅시다.

안녕하세요. ○○○입니다.

제가 오늘 여~러분을 위해 선택한 곳은 바로 전라남도 해남입니다.

여러분은 해남하면 가장 먼저 무엇이 떠오르시나요?

아마도 땅끝마을이 아닌가 하는 생각이 듭니다.

그래서 오늘은 땅끝마을을 비롯해서 해남에 오시면 꼭! 둘러봐야 할 곳을 콕콕! 집어 여러분께 자세하게 알려드리겠습니다.

왠지 색다른 여행이 될 것 같은 기분이 드시지 않나요?

자! 그럼 지금부터 저와 함께 가보시죠.

안녕하세요. ○○○입니다.

남녀노소 모~두가 좋아하는 외식메뉴하면 단연 갈비가 떠오르실 텐데요.

푸짐~한 돼지갈비부터 입맛을 사로잡는 소갈비까지,

5천만을 사로잡은 갈비요리가 여기 있습니다.

한우 생갈비는 신선하고 부드~러운 맛이 일품이고, 20cm가 넘는 갈빗대를 통으로 삶아 내놓은 갈비수육은 예약하지 않으면 맛보기가 어렵다고 하네요.

대한민국 외식메뉴 넘버원! 별별 갈비요리를 소개합니다.

③ 스스로 연습하기

빈칸을 직접 채우며 중요한 단어나 의미에서 적극적으로 제스처 해보시기 바랍니다.

실제 스피치 모습을 촬영하여 제스처가 어색하지 않은지 점검해보세요.

스피치 주제 : 추천하고 싶은 여행지

안녕하십니까 ○○○입니다.

지금부터 제가 추천하고 싶은 여행지에 대해 말씀드리겠습니다.

제가 추천드릴 여행지는 _____ 입니다.

왜냐하면, _____ 입니다.

예를 들면, _____ 입니다.

그래서 제가 추천하고 싶은 여행지는 _____ 입니다.

이상으로 발표를 마치겠습니다. 감사합니다.

---

final 트레이닝

인사, 발표자세, 밝은 표정, 시선처리, 제스처를 신경쓰면서 훈련해봅시다.

스피치 주제 : 좋아하는 사람의 유형

인사 : 안녕하십니까 ○ ○ ○입니다.

주제선언 : 오늘은 제가 좋아하는 사람의 유형에 대해 말씀드리겠습니다.

주장 : 제가 좋아하는 사람의 유형은 _____
_____입니다.

이유 : 왜냐하면, _____
_____
_____입니다.

사례 :

예를 들면, _____
_____
_____
_____
_____
_____입니다.

정리 :

그래서 저는 _____

_____

_____

_____

_____ 을 좋아합니다.

마무리 인사 : 감사합니다.

스피치 트레이닝
5 STEP

끝까지 힘 있는
목소리 만들기

끝까지 힘 있는
목소리 만들기

: 청중은 들리지 않는 목소리를 듣고 싶어 하지 않습니다.

 준비하기

■ **크고 힘 있는 목소리는 자신감이다.**

앞에서 우리는 비언어적 표현에 대해 훈련해보았습니다. 지금까지 몸을 움직여 전달력을 높였다면, 지금부터는 청중의 귀를 자극하는 목소리에 대해 훈련해보겠습니다. 여러분은 어떤 목소리가 좋은 목소리라고 생각하시나요?

에너지 넘치는 하이톤 목소리, 중저음의 차분한 음성, 아나운서처럼 신뢰감을 주는 목소리 등 다양한 목소리의 유형이 떠오르실 겁니다. 요즘은 개성시대이기 때문에 좋은 목소리를 한 마디로 정의하긴 어렵지만 듣는 사람이 편한 음성이 좋은 목소리라는 부분에 대해서는 이견이 없을 겁니다. 듣는 사람이 편하다는 것은 발표자의 목소리가 잘 들린다는 의미겠죠.

결국 스피치에서 좋은 목소리란 전달이 잘 되는 목소리를 뜻합니다. 어떤 목소리로 스피치를 하느냐에 따라 의미전달에 차이가 생길 수도 있는 중요한 요소인 것이죠.

또한, 목소리는 전달력뿐만 아니라 이미지에도 많은 영향을 끼칩니다. 처음 본 사람인데 목소리가 좋아서 왠지 호감을 느낀 적도 있고 인상은 굉장히 좋게 봤는데 입을 연 순간 소위 말해 확 깬적도 있을 것입니다. 예를 들어서, 서비스직 종사자가 퉁명스러운 말투를 가지고 있다면 더 불친절하게 느낄 수 있고, 전문직종에 종사하는데 아이같은 말투를 가지고 있다면 신뢰감이 떨어질 수 있습니다. 따라서 우리는 자신의 스피치 내용에 대한 전달력과 청중의 집중력을 위해서라도 전략적으로 목소리를 가꿀 필요가 있습니다.

물론 목소리는 타고나는 것입니다. 유전적으로 부모님, 형제, 자매와 비슷한 음성을 갖게 됩니다. 하지만 충분히 본인이 원하는 이미지에 맞게 음성을 변화시킬 수도 있습니다. 자신감 있는 목소리, 신뢰감 있는 목소리, 밝은 목소리, 친절한 목소리, 침착한 목소리 등은 타고 나는 것이 아니라 상황과 목적에 따라 충분히 만들어질 수 있습니다.

저 역시 학창시절에는 하이톤의 목소리였습니다. 하지만 저는 전문가의 입장에서 정보전달을 하는 스피치를 할 기회가 많았기 때문에 신뢰감을 주는 중저음의 목소리가 필요했습니다. 그래서 방송과 강의, 그리고 상담 등 다양한 스피치 연습을 통해 중저음의 목소리를 내려고 훈련했습니다. 오랜 기간의 훈련을 통해 사용할 수 있는 목소리의 범위가 넓어졌고 필요에 따라 호소력 있게, 부드럽게, 신뢰감 있게, 상냥하게 등 다양하게 목소리를 변화시킬 수 있게 되었습니다.

그렇다면 이제 상황에 맞는 목소리를 낼 수 있도록 하는 훈련법을 함께 알아보도록 하겠습니다.

■ 잘 들리는 목소리는 발성부터 다르다.

좋은 목소리를 결정하는 기본요소들로는 호흡, 발성, 발음, 공명, 톤, 속도, 강세, 리듬, 포즈(pause), 어미 처리 등 다양한 것들이 있습니다. 이 중 전달력을 높이는 세 가지 요소를 꼽는다면 단연, '발성, 발음, 리듬'이라고 말씀드리고 싶습니다.

첫째, 발성이란 내쉬는 호흡에 의해 성대를 진동시켜 음성을 만드는 것으로, 쉽게 말해서 소리를 내는 것을 말합니다. 스피치할 때 어떤 소리가 전달이 잘 될까요? 잘 아시겠지만 작은 목소리보다는 큰 목소리가 잘 들리겠죠. 큰 목소리를 지속해서 내기 위해서는 안정적인 발성이 필요합니다.

둘째, 발음이란 혀, 치아, 입술 등을 이용하여 소리를 내는 것을 말합니다. 단순히 소리를 내는 행위만이 아니라 표준어를 기준으로 옳은 음을 내는 것을 뜻합니다. 글자의 소리가 모두 명확하게 들리면 전달력이 높아질 수 있겠죠?

마지막으로, 리듬이란 억양과 비슷한 의미로 음의 높이의 변화를 뜻합니다. 말의 높낮이가 자연스럽고 리듬감이 있다면 지루하지 않고 스피치에 대한 집중력을 높일 수 있습니다.

이 중 이번 5 Step에서는 발성에 대해 훈련해보겠습니다.

만약 여러분이 스피치를 할 때, 질문을 한다고 가정해보세요. "여러분, 식사하셨습니까?"라는 서두를 작은 목소리로 시작한다면 과연 누가 여러분의 질문에 답을 할까요? 물어보는 건지, 답을 해야 하는 건지, 청중은 혼란을 느껴 더 소극적인 자세를 취하게 될 것입니다. 하지만 좀 더 크게 "여러분! 식사하셨습니까?"라고 질문한다면 청중은 그

적극성 때문이라도 집중을 하고 답변을 하게 되어있습니다. 결국 청중의 마음을 사로잡고 싶다면, 발표자의 목소리 힘부터 바꾸셔야 합니다. 자! 그럼 지금부터 힘 있는 목소리를 만들기 위해서 차근차근 훈련을 시작해볼까요?

실전 트레이닝 | 힘 있는 목소리 만들기

트레이닝 1. 힘 있는 목소리의 기본, 복식호흡 & 공명발성

목소리의 힘을 키우기 위해서는 탄탄한 호흡이 기반되어야 합니다. 호흡은 소리를 멀리 뱉기 위한 지지대의 역할을 한다고 생각하시면 쉽습니다. 예를 들어, 산 정상에 올라서 크게 "야호!"를 외친다고 생각해보세요. 크게 소리를 내뱉으려고 하는 순간 호흡을 크게 들이마시게 되는데 이때 여러분의 어깨와 가슴이 올라가는 것이 느껴지지 않나요? 반대로 목소리를 낼 때는 반대 방향인 아래쪽을 누르게 되죠. 결국 높은 소리를 내게 되고, 목 또는 성대에 힘을 가한 만큼 소리가 나옵니다. 그래서 소리를 크게 낼수록 목에 무리를 주고 날카로운 소리를 내게 되죠.

하지만, 큰 목소리는 '위로 높이'가 아니라 '앞으로 멀리'입니다. 따라서 소리를 멀리 뱉기 위해서는 반대 방향으로 지지해주는 역할이 필요하며 그 역할을 해주는 것이 바로 배 근육입니다. 따라서 배 근육을 강화하기 위해서 복식호흡 훈련이 필요한 것이죠. 쉽게 예를 들어서 설명해 볼까요? 수영경기를 보면 50미터를 수영한 후 턴을 합니다. 그때 발로 힘껏 차는 만큼 앞으로 멀리 나갈 수 있죠. 이처럼 배에 힘을 주고 그 힘만큼 소리를 멀리 내뱉는다면 목에 무리 없이 크고 힘 있는 목소리를 낼 수 있습니다.

또한, 자신감 없어 보이는 1순위가 바로 '말끝 흐리기'입니다. 내용에 대한 확신이 없어서 말끝을 흐리기도 하지만 호흡이 부족해 말끝 소리가 흐려질 때도 있습니다. "안녕하십니까. ○○○입니다."라고 인사할 때, '안녕'보다는 '이름'이 더 중요하지만 문장 뒷부분에 있다 보니 호흡이 부족해서 안녕 소리만 크고 정작 가장 중요한 이름은 기어들어가는 목소리로 말하게 되는 상황이 펼쳐지기도 합니다. 따라서 복식호흡을 활용한다면 긴 문장도 말끝까지 안정감 있게 스피치할 수 있습니다.

호흡으로 힘을 키웠지만 결국 소리는 발성을 통해 만들어집니다. 따라서 입안에서 어떻게 소리를 내느냐가 결국 목소리를 결정하죠. 혹시 공명이라고 들어보셨나요? 공명이란 진동, 울림과 비슷한 의미로 소리를 낼 때 울림을 말합니다. 울림이 있는 목소리는 멀리 잘 뻗어나가고 소리를 좀 더 부드럽고 윤기있게 만들어줍니다. 따라서 이번에는 힘 있는 목소리를 위한 호흡과 공명발성 훈련을 해보겠습니다. 평소 목소리가 작거나 말끝을 흐리는 분들, 톤이 높아서 쉽게 떨리는 분들, 잘못된 발성으로 소리가 쉽게 잠기거나 갈라지는 분들, 신뢰감을 주는 목소리를 만들고 싶은 분들께 필요한 훈련입니다.

① 복식호흡 기초훈련

1. 아랫배 또는 배꼽을 등쪽으로 당깁니다.

2. 당긴 힘을 놓을 때, 숨이 들어오는 것을 느낍니다.

3. 아랫배를 등쪽으로 당기면서 후~ 하며 호흡을 뱉습니다.

4. 당긴 힘을 놓아 숨이 들어오면서 아랫배가 팽창하는 것을 느낍니다.

5. 후! 하는 호흡에 소리를 얹어 멀리 뱉습니다.

   (이때, 아랫배를 당긴만큼 소리를 멀리 뱉으려고 노력해보세요.)

6. 목을 눌러 소리 내지 않습니다.

   (마치 공을 위에서 아래로 던지듯 소리를 위에서 아래로 멀리 뱉으려고 노력해봅니다.)

7. 하! 하! 하! 아랫배를 3번 당기며 소리를 멀리 뱉어봅니다.

8. 한 글자 한 글자, 아랫배에 힘을 주며 멀리 소리를 냅니다.

가 갸 거 겨 고 교 구 규 그 기
나 냐 너 녀 노 뇨 누 뉴 느 니
다 댜 더 뎌 도 됴 두 듀 드 디
라 랴 러 려 로 료 루 류 르 리
마 먀 머 며 모 묘 무 뮤 므 미
바 뱌 버 벼 보 뵤 부 뷰 브 비
사 샤 서 셔 소 쇼 수 슈 스 시
아 야 어 여 오 요 우 유 으 이
자 쟈 저 져 조 죠 주 쥬 즈 지
차 챠 처 쳐 초 쵸 추 츄 츠 치
카 캬 커 켜 코 쿄 쿠 큐 크 키
타 탸 터 텨 토 툐 투 튜 트 티
파 퍄 퍼 펴 포 표 푸 퓨 프 피
하 햐 허 혀 호 효 후 휴 흐 히

---

② 복식호흡을 활용한 발성으로 문장 말하기

• 어절 말하기

첫 음절에서 배를 당겨 소리를 뱉은 후 마지막 음절까지 배 힘을 유지합니다. 예를 들어, '가지'라는 소리를 낼 때 첫 음절인 '가'에서 배에 힘을 주며 소리를 뱉은 후 '지' 인 마지막 음절까지 배 힘을 유지합니다. 그다음 배 힘을 놓아 숨을 들이마십니다.

• 문장 말하기

'/' 표시가 되어있는 부분까지 한 호흡으로 배에 힘을 주며 소리를 멀리 뱉습니다.

대기 흐름이 원활해지면서 /

대부분 지역의 대기질이 정상 수준을 보이고 있습니다. /

낮엔 황사용 마스크를 착용한 시민들이 많았지만 /

지금은 마스크 대신 외투를 걸치고 산책을 즐기고 있는데요. /

내일은 다행히 대기질이 대부분 정상 수준을 보이겠습니다. /

다만, 남부 지역이 일시적으로 나쁨 수준을 보일 가능성이 있습니다. /

이번 주 중반부터는 날씨 변화가 큽니다. /

수요일엔 전국으로 비가 확대되는데요. /

가을비가 오면서 낮에도 예년 이맘 때 기온을 되찾겠습니다. /

가을색도 한결 깊어질 전망입니다. /

환절기엔 독감에 걸릴 가능성이 높습니다. /

독감 백신은 접종 후 6개월간 지속되니 /

미리 접종을 받는 게 좋습니다. /

[출처] 채널 A뉴스

• 짧은 문장 스피치 연습

(배힘주기) 안녕하십니까. ○○○입니다. (놓기)

(배힘주기) 지금부터 발표를 시작하겠습니다. (놓기)

(배힘주기) 이상으로 발표를 마치겠습니다. (놓기)

(배힘주기) 감사합니다. (놓기)

• 긴 문장 스피치 연습

(배힘주기) 밥을 든든히 먹고 후식까지 챙겨 먹었는데 (놓기)

(배힘주기) 3시간도 채 지나지 않아 출출해질 때가 있습니다. (놓기)

(배힘주기) 결국, 이 배고픔을 참지 못해 (놓기)

(배힘주기) 군것질하고 또 후회하신 적 많죠. (놓기)

(배힘주기) 그런데 이 허기가 '진짜 배고픔'이 아닌 (놓기)

(배힘주기) '가짜 배고픔'일 수 있다는 사실 알고 계셨나요? (놓기)

(배힘주기) 가짜 배고픔과 진짜 배고픔은 어떻게 구분할 수 있을까요? (놓기)

(배힘주기) 우선 식사를 한 지 3시간 이내에 나타나는 허기는 (놓기)

(배힘주기) 가짜 배고픔일 가능성이 높습니다. (놓기)

(배힘주기) 또 아이스크림이나 과자, 떡볶이 등 (놓기)

(배힘주기) 단맛이나 자극적인 맛을 내는 특정 음식이 먹고 싶은 것도 (놓기)

(배힘주기) 가짜 배고픔의 특징입니다. (놓기)

(배힘주기) 갑자기 허기지거나 (놓기)

(배힘주기) 스트레스가 심한 상황에서 배가 고프다면 (놓기)

(배힘주기) 가짜 배고픔을 의심해야 합니다. (놓기)

(배힘주기) 반면 진짜 배고픔은 서서히 나타나는데, (놓기)

(배힘주기) 배에서 꼬르륵 소리가 나거나 (놓기)

(배힘주기) 꼭 단 게 아니라도 (놓기)

(배힘주기) 무엇이든 먹어서 배를 채워야겠다는 욕구로 나타납니다. (놓기)

[출처] sbs 뉴스 중

③ 스스로 연습하기

빈칸을 채우면서 직접 발성하며 훈련해보세요.

오늘 날씨는 _____ 습니다.

그래서 기분이 _____ 습니다.

내일 날씨는 _____ 좋겠습니다.

내일은 _____ 할 계획입니다.

스피치 주제 : 감명 깊게 읽은 책 줄거리 소개하기

안녕하세요. ○○○입니다.

오늘은 제가 감명 깊게 읽은 책에 대한 줄거리를 소개하겠습니다.

_____

_____

_____

_____

_____

지금까지 제가 감명 깊게 읽은 책에 대한 줄거리를 소개했습니다.

여러분도 오랫동안 기억에 남을 책 한 권을 읽어보시기 바랍니다.

감사합니다.

지금까지 복식호흡을 활용해 힘 있는 목소리를 훈련했습니다. 잘 되는 분들도 계시 겠지만, 뭔가 소리가 답답하고 목이 아팠던 분들도 계실 것입니다. 그런 분들은 다음의 3가지를 다시 한번 점검해보셔야 합니다.

첫째, 아랫배에 힘을 주면서 윗배나 가슴까지 힘을 주었는가?

상대적으로 위쪽에 긴장감을 주면 소리가 입 밖으로 나오는 것이 어려워집니다. 그래 서 불편함을 느낄 수 있는 것이죠. 최대한 윗배나 가슴쪽에는 긴장감이 없어야 합니다.

둘째, 날숨은 복식으로, 들숨은 흉식으로 호흡하는가?

아랫배에 힘을 주어 숨은 잘 뱉었지만 가슴이나 어깨가 들썩일 정도의 흉식호흡으로 들이마신 경우입니다. 소리는 공기를 기반으로 하기 때문에 결국 가슴에 머문 소리는 목에서 나올 수밖에 없습니다.

마지막, 복식호흡은 잘 했지만 소리를 잘못 냈는가?

호흡을 하는 이유는 소리에 힘을 키우기 위해서이지만 좋은 소리는 입 안에서 만들어 집니다.

이 3가지를 주의하며 지금부터는 발성하기 편하고 듣기 좋은 음성을 내기 위해 입 안에서 소리를 내는 2가지 방법을 훈련해보도록 하겠습니다.

① 하품발성

입 안에는 혀와 입천장이라는 두 가지 길이 있습니다. 아래쪽에 위치한 혀 쪽으로 소 리를 낼 경우 목을 누르고 무리를 주며 소리를 내게 됩니다. 이렇게 되면 공기를 뱉지 못하고 소리만 내게 돼서 결국 답답하고 날카로운 소리가 납니다. 입천장이 위치한 위

쪽으로 소리를 내야 안정적이고 부드러운 목소리가 나오게 되죠. 이는 우리가 일상에서 자주 경험하는 하품하듯이 소리를 낸다 생각하시면 됩니다. 하품할 때, '하~아' 하고 소리를 낸 적 있으시죠? 아무런 힘을 주지 않아도 소리가 숨과 함께 멀리 나가는 것을 느낄 수 있습니다. 이렇게 힘을 뺀 편안한 상태에서 목소리를 내뱉어야 크고 멀리까지 목소리가 나갈 수 있으니 입천장 쪽으로 소리를 뱉는 연습을 해봅시다.

1. 하아~ 하며 혀 쪽으로 긴장감이 없도록 작은 소리를 입천장으로 발성합니다.
2. 1번과 같은 방법으로 점점 소리를 크고 멀리 냅니다.
3. 모음소리에 집중하며 천천히 1부터 100까지 소리를 냅니다.

> 이일 이이 사암 사아 오오 유욱 치일 파알 구우 시입
> 시입이일 시입이 시입사암 시입사아 시입오 시입유욱 시입치일 시입파알 시입구우 이시입
> 이시입이일 이시입이 이시입사암 이시입사아 이시입오 이시입유욱 이시입치일 이시입파알
> 이시입구우 사암시입… (중략)…
> 구우시입이일 구우시입이 구우시입사암 구우시입사아 구우시입오 구우시입유욱 구우시입치일
> 구우시입파알 구우시입구우 배액

• 하품발성으로 원고 읽기

> · 아리랑은 아름다운 우리나라의 음악입니다.
> · 아버지와 어머니는 어제 하와이로 여행을 갔습니다.
> · 그림책에는 악어와 암탉 야자수가 있습니다.
> · 가을에는 은행나무에 은행이 주렁주렁 열립니다.
> · 암컷 하마와 수컷 하마가 오붓하게 오르막을 오릅니다.
> · 혜영이는 학교 운동장 왼쪽에 앉아 있습니다.
> · 햄버거 안에는 양상추와 햄이 가득 들어 있습니다.
> · 화가는 맑은 하늘과 노란 해바라기를 그렸습니다.

② 공명발성

　공명이란 울림 또는 진동을 말합니다. 일명 목욕탕 목소리라고 하죠. 성악가나 풍채가 좋은 사람이 말할 때, 혹시 옆에서 울림을 느껴보신 적 있으신가요? 이러한 울림은 소리의 진동이 크기 때문에 크고 멀리 뻗어 나갈 수 있습니다. 울림은 일상생활에서 허밍을 통해 쉽게 경험할 수 있습니다. 한번 입을 다물고 '음~~~하' 하고 소리내보세요. 어딘가가 간질간질, 진동이 느껴지지 않으신가요?

　보통 코나 입 주변에서 울림을 느낄 수 있습니다. 그 이유는 울림의 시작점이 바로 입천장 앞이기 때문이죠. 쉽게 말해 윗니 뒤쪽 입천장에서 울림이 시작된다고 생각하면 쉽게 이해하실 겁니다. 목소리에 깊은 울림이 생기면 더욱더 풍성하고 윤기있는 목소리로 스피치할 수 있습니다. 다음을 연습해보세요.

---

1. 음~~ 소리를 내며 입천장 앞에서 진동을 느낍니다.

2. 이~ / 에~ / 오~ / 어~ / 애~ / 아~ 순으로 공명발성합니다.

　(치아가 열리는 발음일수록 울림의 정도가 약해지지만, 입천장 앞의 울림을 기억하며 발성해보세요.)

3. 울림을 기억하며 아래의 문장을 읽어봅니다.

> 음~ 간절히 원하면 꿈은 이루어진다.
> 음~ 내 인생은 내 마음대로 한다.
> 음~ 행운을 받아들일 준비가 되어 있는가.
> 음~ 마음먹은 일은 무엇이든지 할 수 있다.

• 공명발성으로 원고 읽기

매미의 맴맴 하는 울음이 들려왔다.

나는 노래를 부르며, 나무와 맨드라미가 아름다운 마당으로 들어갔다.

마당 안에는 맑은 우물과 말끔한 마루가 있었다.

우물의 모양은 마치 동그란 달 같았으며,

물맛은 무아지경에 이를 만큼 맛있었다.

오래된 마루는 네모 문양이고 많이 매끈하다.

마침 나비 네 마리가 마루 아래에 있는 맨드라미 위로

나란히 날아 앉았고,

내 몸과 마음도 이 네 마리 나비마냥 날아다니는 듯하다.

③ 스스로 연습하기

복식호흡과 하품발성 또는 공명발성을 적절하게 활용하여 다음 원고를 읽어봅시다.

건강한 행동양식을 만들기 위해서는 /

자신을 소중하게 생각하는 자존감이 높아야 한다. /

이런 자존감은 /

여러 경험의 과정과 결과에서 발생하는 자기만족감이 클수록 높아진다. /

긍정 심리학자의 창시자인 마틴 셀리그만 교수가 제시한 /

긍정성 향상을 위한 두 가지 방법에 주목할 필요가 있다. /

첫 번째 방법은 /

잠자리에 들기 전 감사했던 일을 세 가지씩 적어보는 것이다. /

두 번째 방법은 /

자신의 강점을 활용한 목표를 설정하고 실천하는 것으로써 /

긍정 마인드가 향상될 수 있다. /

[출처] 손정연의 감성, 비우고 채워라

차량 에어컨을 쓰지 않다가 여름에 오랜만에 켜면 /

퀴퀴한 악취가 올라오는 경우가 있습니다. /

또 얼마 전에 사용했을 땐 분명히 냄새가 나지 않았는데, /

갑자기 악취가 날 때도 있습니다. /

이럴 때면 냄새 제거제 등의 약품을 구매하거나 /

필터를 교체해야 하는 건 아닌지 고민하실 텐데요, /

한 가지 습관만 들이면 /

돈 쓰지 않고도 에어컨 냄새를 예방할 수 있습니다. /

에어컨 냄새를 잡기 위해서는 /

차에서 내리기 전 3분을 기억해야 합니다. /

목적지에 거의 다 도착했을 때쯤 에어컨을 끄고 /

3분가량 송풍 모드를 세게 켜면 됩니다. /

송풍 모드로 에어컨 내부에 생긴 수분을 말리는 겁니다. /

집에서 사용하는 에어컨이 꺼지기 전 /

자동건조를 하는 것과 같은 원리입니다. /

[출처] sbs 뉴스 중

앞에서도 언급했지만 가장 자신감 없어 보이는 습관은 바로 말끝을 흐리는 것입니다. 말끝이라고 하면, 보통 문장의 종결어미를 뜻하거나 '은, 는, 이, 가, 서, 며, 고, 로' 등과 같은 숨을 쉬기 전에 위치한 어미를 지칭합니다. 이러한 말끝은 말의 앞부분보다 상대적으로 뒷부분에 위치해 목소리 힘이 떨어지기 마련입니다.

'안녕하십니까'라고 인사할 때, 복식호흡을 하면 '안녕' 부분에 힘이 많이 들어가지만 '십니까' 부분인 뒤로 갈수록 습관적으로 또는 힘이 든다는 이유로 음성의 힘을 포기해 버리는 경우가 많습니다. 그렇게 되면, 말끝이 상대적으로 약하게 들려 흐지부지한 이미지로 보일 수 있습니다.

특히, 스피치에 자신이 없는 분들은 더욱 말끝을 흐리는 습관을 공통적으로 갖고 있는 것을 볼 수 있습니다. 따라서 이번에는 자신감 있게 보일 수 있도록 말끝에 힘을 실어보겠습니다.

이를 개선하기 위해서는 글자를 점진적으로 크고 멀리 소리내는 훈련이 필요합니다. 마치 음악용어 중 크레센도와 같이 점점 세고, 활기차게 표현하는 것입니다.

안녕 하 십 니 까

① 문장 끝까지 힘 있게 말하기

1. 한 글자씩 멀리, 그리고 힘 있게 발성합니다.

(단, 뒷 글자를 힘 있게 하되 앞 글자 소리가 작아지지 않도록 유의합니다.)

> 안
> 안녕
> 안녕하
> 안녕하십
> 안녕하십니
> 안녕하십니까.

2. 표시된 말끝은 더 크고 힘 있게 소리냅니다.

> 안녕하십니까/ ○○○입니다./
> 식사 맛있게 하셨습니까./
> 나른하시겠지만./
> 좋은 정보 많이 준비했으니./
> 조금만 집중해주시면 감사하겠습니다./
> 그럼 지금부터/ 프레젠테이션을 시작하겠습니다./

• 말끝까지 힘 있는 목소리로 원고 읽기

복식호흡과 발성을 적절하게 활용하여 다음 원고를 읽으며 훈련해봅시다.

> 돈에 집착하는 부자는 외롭다.
>
> 반대로, 외로운 부자는 돈에 매달린다.
>
> 온기 없는 황량한 세상, 믿을 것은 돈 밖에 없는 탓이다.
>
> 정겨운 친구와 이웃을 만들 줄 아는 사람은
>
> 돈에 덜 매달린다.
>
> 내가 어려울 때 주변사람들이

나를 도와주리라 믿기 때문이다.

돈에서 자유로워지려면 정을 나누며

온기넘치는 관계를 가꿀 수 있어야 한다.

관계가 넓고 따뜻한 사람 주변에는

돈이 늘 흘러 다닌다.

함께 하는 일이 많을뿐더러

그와 일을 같이 하고 싶어하는 사람도 많은 덕분이다.

[출처] 안광복의 도서관 옆 철학카페

속이 쓰리고 아픈 위궤양 환자가/

40대 이상 중년층에서 크게 늘고 있습니다./

위궤양의 주요 원인은/ 헬리코박터 파일로리균 감염과/ 아스피린 등 소염제 복용인데,/

헬리코박터 파일로리균 감염이 줄면서/

환자 수도 점차 감소하는 추세입니다./

그렇지만/ 스트레스가 심한 40대 이상 중년층이라면/ 안심할 수 없습니다./

40대부터 위궤양 환자가 급증해/

환자 10명 가운데 8명이/ 중년층 이상입니다./

예방을 위해선/ 위에 자극을 주는 식습관과 생활습관은 바로잡고/

위산 분비를 자극하는 담배와 술은/

되도록 자제하는 것이 좋습니다./

[출처] YTN 뉴스

② 스스로 연습하기

다음 빈칸을 직접 채우며 힘 있는 스피치를 해보시기 바랍니다. 실제 스피치 모습을 촬영하며 말끝을 흐리거나 어색하지 않은지 점검해보세요.

스피치 주제 : 추천하고 싶은 여행지 소개하기

주장 : 제가 추천하고 싶은 여행지는 _____ 입니다.

이유 : 왜냐하면

_____

_____

_____ 입니다.

사례 :

_____

_____

_____

_____

_____

_____

_____

_____

_____

_____ .

정리 : 그래서 저는 여러분들에게 _____ 을 추천합니다.

앞서 하나의 문장에서 말끝까지 힘 있게 스피치하는 방법에 대해 훈련했습니다. 이 번에는 문단 또는 전체 스피치의 마지막까지 힘 있는 톤을 유지하는 방법에 대해 훈련 해보겠습니다.

우리의 말은 마침표로 끝나기 때문에 보통 음정을 떨어뜨리면서 말을 끝맺습니다. 그러다보니 떨어진 음에서 다음 문장을 시작하기는 쉽습니다. 하지만 많은 문장을 말 할수록 목소리톤은 계속 떨어져 결국 첫인사 '안녕하십니까'와 마지막 인사 '감사합니 다'의 톤에 차이가 나게 되고, 뒤로 갈수록 점점 더 떨어지는 목소리톤은 청중들의 집 중력 또한 떨어뜨리기 마련입니다.
스피치의 앞부분만 자신감 있게 잘하고 뒤로 갈수록 집중력이나 적극성이 떨어진 경험 다들 있으시죠? 그래서 이에 대한 해결책인 스피치 전체 톤을 유지하는 방법을 알려드 리려고 합니다. 그 해답은 날씨 예보를 하는 기상캐스터들의 스피치를 보면 알 수 있 습니다. 기상캐스터들의 목소리를 잘 들어보면, 첫 시작인 '쾌청한 하늘에 기분까지 참 좋은 하루였습니다.' 목소리톤과 마지막 멘트인 '날씨였습니다'의 톤의 차이가 거의 없 는 것을 느낄 수 있습니다. 이는 문장을 시작할 때마다 톤을 올리기 때문이죠.

우리의 말은 두 번째 음절에서 제일 높이 올라갔다가 마침표를 찍으며 떨어집니다. 예를 들면, '반갑습니다.'라는 말에서 두 번째 음절인 '갑'에서 톤이 올라가고 이후 점점 떨어지다가 마지막 음절인 '다'에서 가장 낮은 음으로 마무리를 하게 됩니다. 그래서 마 치 무지개를 그리듯 포물선을 그리며 발성하게 됩니다. 이러한 스킬을 '무지개 그리기' 라고 이름 붙여서 훈련해보겠습니다.

<u>높</u>**온** 산으로 뛰어올라 갔습니다.

<u>맨</u>**주**먹으로 권총 든 강도를 때려 잡았습니다.

<u>큰</u>**사**람과 작은 사람이 나란히 서있습니다.

<u>봄</u>**바**람에 다홍치마가 펄럭펄럭 날립니다.

① **무지개 그리기 발성 연습하기**

매 문장마다 두 번째 음절에서 톤을 의식적으로 높이며 무지개 그리기 발성으로 읽어봅시다.

쾌청한 하늘에 기분까지 참 좋은 하루였습니다. /

내일도 전국이 대체로 맑아서 /

야외활동하기 무난하겠습니다. /

다만 일교차가 크게 벌어지겠는데요, /

전북 남원과 경북 봉화의 경우 / 14도나 크게 벌어지겠고 /

서울은 8도가량 차이 나겠습니다. /

내일 중부지방은 오후부터 / 구름의 양이 차츰 늘어나겠습니다. /

서울 낮 기온은 28도, / 대전은 30도로 / 오늘과 비슷하겠고, /

전남과 경남 지방 곳곳으로는 / 아직까지 폭염 특보가 남아 있는 가운데 /

이들 지역은 내일도 30도를 웃돌겠습니다. /

월요일과 화요일 사이에는 / 전국에 또 한 차례 비가 내립니다. /

중부지방을 중심으로 / 최고 100mm가 넘는 폭우가 예상돼 /

비 피해 없도록 미리 대비를 하셔야겠습니다. /

하버드 윌리엄 하인리히, 그는 미 해군 장교 출신 보험감독관이었습니다.

보험회사에서 보험감독관으로 산업재해 관련 일을 수행했는데, 크고 작은 산업 재해를 보면서 문득, 그들 사이 어떠한 상관관계가 있을지도 모른다는 생각을 하게됩니다.

이에 대해 조사에 착수한 하인리히 보험회사에 접수된 5만건의 사건, 사고 자료를 분석한 결과 사건들 사이의 상관관계를 밝혀냈는데요.

이를 테면, 한 번의 대형사고가 발생했다면 그 이전 유사한 원인으로 작은 사고 및 부상은 29번 일어났고

부상을 당하진 않았지만, 사고가 날뻔한 경우는 약 300건 정도 발생한다는 것입니다.

하인리히의 열정으로 시작된 조사는 1929년 '하인리히의 법칙'이라는 논문으로 명명되었습니다.

② 스스로 연습하기

다음 빈칸을 직접 채우며 무지개 그리기 발성법에 따라 스피치를 해보시기 바랍니다. 실제 스피치 모습을 촬영하며 발음이나 발성이 어색하지 않은지 점검해보세요.

스피치 주제 : 인생에서 가장 아쉬웠던 순간

인사 : 안녕하십니까 ○○○입니다.

주제 : 오늘은 제가 인생에서 가장 아쉬웠던 순간에 대해 소개하겠습니다.

주장 : 제가 가장 아쉬웠던 순간은 _____ 입니다.

이유 : 왜냐하면, _____ 입니다.

사례 : 예를 들면,

_____

_____

_____

_____

_____

_____

_____

_____

_____

_____

_____ 입니다.

정리 : 그래서 저는 _____ 가장 아쉬웠습니다.

메시지 : 여러분들도 아쉬운 순간이 없도록 현재에 최선을 다하시기 바랍니다.

마무리 인사 : 감사합니다.

• 5 Step에서 배운 발성방법을 기억하며 다음 주제에 맞는 스피치를 직접 해봅시다.

스피치 주제 : 나만의 건강관리법

안녕하세요. ○○○입니다.

오늘은 저의 건강관리법에 대해 소개하겠습니다.

_____

_____

_____

_____

_____

_____

_____

지금까지 저의 건강관리법에 대해 소개했습니다.

여러분도 나만의 건강관리법으로 건강한 삶을 누리시기 바랍니다.

감사합니다.

또박또박
명료하게 말하기

또박또박 명료하게 말하기

: 발음이 좋지 않은 이유는 게으르기 때문입니다.

🔊 준비하기

■ 부지런해야 명료해진다.

이번 6 Step에서는 전달력을 높이는 목소리의 핵심인 '발음'에 대해서 훈련해보겠습니다. 최근 스피치 아카데미에 발음을 개선하고자 방문하는 분들이 참 많이 계십니다. 말할 기회가 별로 없어 발음이 좋지 않은 경우도 있고, 성격이 급하거나 업무환경 상 빨리 말하는 것이 습관이 되어 발음이 뭉개진 경우도 많습니다. 이렇게 발음이 좋지 않으면 상대방과의 의사소통에 불편함을 겪기 마련입니다. 상대방이 못 알아들어서 한 번 더 말해야 하는 불편한 상황도 많이 생기기 마련이죠. 발음이 좋지 않다는 지적을 받으면 위축되기도 하고, 어눌한 발음은 신뢰감을 떨어뜨려 능력을 평가절하시키기도 합니다. 이렇게 발음은 전달력과 이미지, 대인관계에도 많은 영향을 끼치는 요소입니다.

발음에 직접적으로 사용되는 입술, 혀, 턱이 빠르고 정확하게 움직였을 때 정확한 발음이 나올 수 있습니다. 한번 확인해볼까요?

다음의 글씨를 소리내어 읽어보시기 바랍니다.

기 니 디 리 미 비 시 이 지 치 키 티 피 히

아마도 'ㅣ' 발음이 연속으로 있어 입모양의 변화가 적어 발음하기 수월하실 겁니다. 하지만, 'ㅣ'의 움직임과 다른 움직임 'ㅜ'를 함께 발음한다면 조금 더 어려움을 느끼실 겁니다.

한번, 다음을 소리내어 읽어볼까요?

기구기 니누니 디두디 리루리 미무미 비부비 시수시 이우이

어떠신가요? 입술을 옆으로 벌려야 하는 'ㅣ' 발음 사이에 입술을 둥글게 모아 앞으로 내밀어야 하는 'ㅜ' 발음을 하다보니, 입모양의 움직임이 많아져 발음이 어렵게 느껴지지 않나요?

또한, '기구기'를 보면 첫 음절 '기'와 마지막 음절 '기'가 같은 글자임에도 '구'를 한 다음에 '기'는 더 입모양을 작게 하고 싶은 마음이 생기게 됩니다. 이 역시 입을 크고 빠르게 움직이기 싫다는 귀찮음이 발동하기 때문에 발음이 뭉개지게 되는 것이죠. 이처럼 글자가 가지고 있는 움직임을 부지런하게 표현했을 때 명료한 발음으로 스피치를 할 수 있습니다. 그렇다면 정확한 발음을 위해 입의 긴장을 풀고 훈련을 계속해봅시다.

실전 트레이닝 또박또박 말하기

트레이닝 1. 입술, 턱, 혀의 정확성 높이기

학창시절 음악시간에 목을 풀기 위해 항상 했던 연습이 있습니다. 바로 '아, 에, 이, 오, 우'입니다. 입 주변 근육이 유연해지면 결국 좋은 소리로 노래를 부를 수 있기 때문에 입술의 움직임이 큰 모음을 훈련하면서 입 주변 근육을 스트레칭했던 것이죠.

이처럼 좋은 소리를 내기 위해서는 대충이 아니라 적극적으로 발음하려는 노력이 필요합니다. 입술과 턱, 혀의 움직임과 위치를 잘 알면 좋은 발음으로 거듭날 수 있습니다. 그러기 위해서는 발음을 할 때 사용하는 조음기관들을 유연하게 만들어야 하죠. 웅얼거리는 발음, 어눌한 발음, 입 안에 소리를 머금은 듯한 목소리를 가진 분들에게 특히 도움이 되는 훈련입니다. 지금부터 발음훈련을 시작하겠습니다.

① 발음 워밍업

• 입술 스트레칭

  (최대한 웃는 얼굴로 발음을 신경쓰며 읽어보세요.)

가게기고구기 / 나네니노누니 / 다데디도두디

라레리로루리 / 마메미모무미 / 바베비보부비

사세시소수시 / 아에이오우이 / 자제지조주지

차체치초추치 / 카케키코쿠키 / 타테티토투티

파페피포푸피 / 하헤히호후히

• 혀 스트레칭

  (혀의 힘을 최대한 빼고 발음해보세요.)

라라라라라 / 러러러러러 / 레레레레레

로로로로로 / 루루루루루 / 르르르르르

리리리리리 / 랄랄랄랄랄 / 럴럴럴럴럴

렐렐렐렐렐 / 롤롤롤롤롤 / 룰룰룰룰룰

를를를를를 / 릴릴릴릴릴 / 라랄라랄 / 럴러럴러

레렐레렐/ 롤로롤로/ 루룰루룰/ 를르를르/ 리릴리릴

• 턱 스트레칭

(입을 살짝 벌리고 치아를 열어 아래턱이 내려가는 것을 느끼며 발음해보세요.)

가나다라마바사아자차카타파하

거너더러머버서어저처커터퍼허

개내대래매배새애재채캐태패해

각객긱곡국 / 낙넥닉녹눅 / 닥덱딕독둑 / 락렉릭록룩 / 막멕믹목묵

박벡빅복북 / 삭섹식속숙 / 악엑익옥욱 / 작젝직족죽 / 착첵칙촉축

칵켁킥콕쿡 / 탁텍틱톡툭 / 팍펙픽폭푹 / 학헥힉혹훅

트레이닝 2. 웅얼거림을 개선하는 모음훈련

모음을 발음할 때 가장 중요하게 생각해야 하는 것은 입술과 턱입니다. 'ㅣ, ㅡ, ㅔ'처럼 입술이 양옆으로 벌어지는 모음도 있지만, 'ㅗ, ㅜ'처럼 입술을 모아 앞으로 발음해야 하는 모음도 있습니다. 또한, 'ㅓ, ㅐ, ㅏ'는 치아가 열리면서 턱과 혀가 아래로 내려가야 합니다. 따라서 모음을 발음할 때는 대표적으로 입을 벌리는 3가지의 방향이 있습니다.

그럼 하나씩 훈련해보겠습니다.

① 옆으로

(윗입술 양 끝을 최대한 옆으로 벌리며 발음하세요. 'ㅣ'와 'ㅡ'는 윗니와 아랫니가 살짝 닫히도록 발음합니다.)

• 'ㅣ'

기 니 디 리 미 비 시 이 지 치 키 티 피 히

· 뻗은 가지 굽은 가지 구부러진 가지 가지가지의 가지
  올라 가지 늦가지 찐가지 달린 가지
  조롱조롱 맺힌 가지 열린 가지 달린 가지
  도롱도롱 달린 가지 젊은 가지 늙은 가지
  가지 각색 차려 놓아도
  나 못 먹긴 마찬가지

• 'ㅡ'

그 느 드 르 므 브 스 으 즈 츠 크 트 프 흐

· 크기 그리다 드럼 처음 어음
· 으스대는 큰오빠의 커다란 목소리
· 크낙새 슬피 우는 소리
· 구름이 그린 구름 그림은 참 예쁜 구름 그림이고
  바람이 그린 구름 그림은 참 멋진 구름 그림이다.
· 문소리가 드르륵 드르륵 크게 들린다

• '卝'

게 네 데 레 메 베 세 에 제 체 케 테 페 헤

· 네가 내가 아니고, 내가 네가 아니다.

· 제법 재미있는 이야기네요.

· 개미는 부지런하고 베짱이는 게으릅니다.

· 식사 후 밥값을 네 사람이 냈습니다.

· 지게가 제일 무거워서 힘센 제일이가 지고 갑니다.

• 'ㅣ, ㅡ, ㅔ' 입모양을 신경 쓰며 원고 읽기

주로 봄철에 기승을 부리던 꽃가루 알레르기 증세가/

오히려 초가을에 더 심각해지는 것으로 나타났습니다./

환경부와 인하대병원 환경보건센터 조사 결과/

2015년 기준 9월 수도권 꽃가루 농도는/

세제곱미터 당 9556 그랜스로 나타났습니다./

이는 1년 중 4월과 5월에 이어 세 번째로 높은 것입니다./

하지만 알레르기 비염 환자 수를 보면/

9월에 129만 명을 기록해/

105만 명인 3월을 제치고 1위를 기록했습니다./

환경부는 봄철의 경우 초가을에 비해 꽃가루 농도가 상대적으로 높지만/

소나무와 은행나무 등/ 알레르기를 유발하지 않는 성분이 포함돼 있다고 설명했습니다./

[출처] kbs 9시 뉴스 중

② 앞으로

(입술을 둥글게 모아 앞으로 내밀며 발음하세요. 'ㅜ'는 윗니와 아랫니가 살짝 닫히도록 발음합니다.)

• 'ㅗ'

고 노 도 로 모 보 소 오 조 초 코 토 포 호

• 우리 아이는 뽀롱 뽀롱 뽀로로 프로그램을 좋아합니다.
• 가고 가고 기어 가고 걸어 가고 뛰어 가고
  지고 가고 이고 가고 놓고 가고 들고 가고
  쥐고 가고 잡고 가고 자꾸 가고
• 똘똘이네 똑똑이는 똘똘하고
  똑똑이네 똘똘이는 똑똑하다

• 'ㅜ'

구 누 두 루 무 부 수 우 주 추 쿠 투 푸 후

• 봄밤 꿈 봄저녁 꿈 여름낮 꿈 여름밤 꿈
  오동추야 가을밤 꿈 동지 섣달 긴긴밤에 님 만난 꿈
• 눈: 오는 날에 눈에 눈:이 들어가니
  이것이 눈:물인지 눈물인지 몰라
  눈:물과 눈물을 흘리면서 눈:물과 눈물을 닦는다.

※ ' 눈: ' : 은 길게 장음으로 발음합니다.

- '⊥ , ㅜ' 입모양을 신경 쓰며 원고 읽기

> 고용노동부는 장애인 등의 취약계층을 고용하거나/
>
> 채용 근로자를 늘리면 지원받을 수 있는/
>
> 다양한 고용안정사업을 소개하는 '고용안정지원 앱'을/
>
> 내일부터 서비스한다고 밝혔습니다./
>
>
> 소개 대상 사업들로는 교대제 개편, 근로시간 단축 등으로/
>
> 고용기회를 확대한 기업에 인건비 일부를 지원하는 고용창출지원금 사업과/
>
> 장애인 등의 채용 시 지원되는 고용촉진지원금, /
>
> 근로자의 실직 예방에 노력한 기업에 지원되는 고용유지지원금 등입니다./

③ 아래로

(윗니와 아랫니 사이를 열고 턱을 아래로 내리면서 발음합니다.)

- 'ㅓ'

> 거 너 더 러 머 버 서 어 저 처 커 터 퍼 허
>
> · 저기 가는 저 상장사가 새 상 상장사냐 헌 상 상장사냐
>
>   자주 가는 저 집은 아주 맛있는 밥 집이고,
>
>   자주 가지 않는 저 집은 아주 맛 없는 밥 집이다.
>
> · 재미없는 생각은 저 멀리 던져버리자.
>
> · 어머니께서 헌 자전거를 새 자전거로 바꿔주셨어요.

• 'ㅐ'

개 내 대 래 매 배 새 애 재 채 캐 태 패 해

세계적인 법학박사인 박 법학박사와 백 법학박사가 사돈을 맺어 화제입니다.

박 법학박사는 백 법학박사의 법학 선배이고

백 법학박사는 박 법학박사의 법학 후배인데

박 법학박사의 아들 박 법학학사와 백 법학박사의 딸

백 법학학사가 다음달 법학 빌딩에서 결혼식을

올린다고 합니다.

이 결혼식에는 법학대학 동문인

변 법학박사, 봉 법학박사, 배 법학박사 등

수많은 법학박사들이 참석할 것으로 보입니다.

• 'ㅏ'

가 나 다 라 마 바 사 아 자 차 카 타 파 하

· 나타나다 캄캄하다 자랑스러운 우리나라

· 나풀나풀 날아가는 나비 한 마리

· 아기와 엄마가 하하호호 웃는다.

· 장이 없어서 장에 갈까 했더니

　장이 아파서 장에도 못 가고 장맛도 못 봤다.

• 'ㅓ, ㅒ, ㅏ' 입모양을 신경 쓰며 원고 읽기

우리말에는 '장이' 혹은 '쟁이'라는 말이 많이 쓰이고 있습니다.

그런데 과연 어떻게 다른 말일까요? '장이'는 어떤 기술을 가진 사람을 낮추어 부르는 말입니다.

석수장이는 돌을 다루어 물건을 만드는 사람, 유기장이는 놋그릇을 만드는 사람 등

모두가 어떤 기술을 가진 사람들입니다.

반면 '쟁이'는 어떤 말의 성격을 지닌 사람을 이르는 말입니다. 멋쟁이는 옷을 멋지게 잘 입는 사람을, 고집쟁이는 고집이 무척이나 센 사람 등 모두가 기술이 아니라 멋과 고집이 의미하는 성격의 소유자를 말합니다.

똑같은 '갓'을 가지고 말한다 할지라도 갓을 만드는 사람은 '갓장이', 갓을 멋지게 쓰는 사람은 '갓쟁이'입니다.

트레이닝 3. 유연성을 키우는 이중모음훈련

앞서 훈련한 모음들은 모두 단모음입니다. 단모음이란 입을 한 번만 움직이는 모음을 말합니다. 이러한 단모음과 달리 입을 두 번 움직여야 하는 모음이 바로 이중모음입니다. 입을 크게 움직이는 것을 귀찮아하는 분이라면 입모양의 변화가 많은 이중모음 발음은 더 어렵겠죠? 이중모음은 두 개의 모음이 합쳐진 모음으로 결국 두 모음 소리를 정확히 내는 것이 중요합니다. 국어에서 이중모음은 총 11개로 'ㅑ, ㅕ, ㅛ, ㅠ, ㅒ, ㅖ, ㅘ, ㅙ, ㅝ, ㅞ, ㅢ'가 있습니다. 'ㅑ, ㅕ, ㅛ, ㅠ, ㅒ, ㅖ'은 'ㅣ' 모음에서 시작하고, 나머지는 구성하고 있는 모음을 정확하게 발음하면 됩니다. 이외 'ㅚ', 'ㅟ'는 원칙은 단모음이지만 이중모음으로 발음을 허용하고 있는데 일상생활에서 이중모음으로 더 많이 발음되고 있기 때문에 이중모음 부분에서 함께 다루겠습니다. 그럼 더 부지런하게 움직여야 하는 이중모음에 대해 훈련해보겠습니다.

① 'ㅣ'로 시작하는 이중모음

- ㅑ (ㅣ + ㅏ)

  갸 냐 댜 랴 먀 뱌 샤 야 쟈 챠 캬 탸 퍄 햐

- ㅕ (ㅣ + ㅓ)

  겨 녀 뎌 려 며 벼 셔 여 져 쳐 켜 텨 펴 혀

- ㅛ (ㅣ + ㅗ)

  교 뇨 됴 료 묘 뵤 쇼 요 죠 쵸 쿄 툐 표 효

- ㅠ (ㅣ + ㅜ)

  규 뉴 듀 류 뮤 뷰 슈 유 쥬 츄 큐 튜 퓨 휴

- ㅒ (ㅣ + ㅐ)

  걔 냬 댸 럐 먜 뱨 섀 얘 럐 챼 컈 턔 퍠 햬

- ㅖ (ㅣ + ㅔ)

  계 녜 뎨 례 몌 볘 셰 예 졔 쳬 켸 톄 폐 혜

• '이중모음'을 신경쓰며 원고 읽기

> 서울시립교향악단의 우리동네 음악회가 지난 27일 서울역사박물관에서 열렸습니다.
> 이번 공연에서는 서울시향 현악 4중주팀 '가이아콰르텟'이 무대에 올라 하이든의 현악 4중주 '종달새', 브로딘의 현악 4중주 '드보르자크의 위모레스크' 등을 연주해 관람객의 호평을 받았습니다.
> 클래식 명곡을 해설과 함께 부담 없이 즐길 수 있는 이번 공연은 무료로 진행됐습니다.
>
> 하동군 횡천면이 최근 횡천면 횡강정에서 중고등학생을 대상으로 전통스포츠 보급 강습회를 개최했습니다.

② 그 밖의 이중모음

• ㅘ (ㅗ + ㅏ)

  과 놔 돠 롸 뫄 봐 솨 와 좌 촤 콰 톼 퐈 화

• ㅙ (ㅗ + ㅐ)

  괘 놰 돼 뢔 뫠 봬 쇄 왜 좨 쵀 쾌 퇘 퐤 홰

• ㅝ (ㅜ + ㅓ)

  궈 눠 둬 뤄 뭐 붜 숴 워 줘 춰 쿼 퉈 풔 훠

• ㅞ (ㅜ + ㅔ)

  궤 눼 뒈 뤠 뭬 붸 쉐 웨 줴 췌 퀘 퉤 풰 훼

- ㅢ (ㅡ + ㅣ)

   긔 늬 듸 릐 믜 븨 싀 의 즤 츼 킈 틔 픠 희

- ㅚ (ㅗ + ㅔ)

   괴 뇌 되 뢰 뫼 뵈 쇠 외 죄 최 쾨 퇴 푀 회

- ㅟ (ㅜ + ㅣ)

   귀 뉘 뒤 뤼 뮈 뷔 쉬 위 쥐 취 퀴 튀 퓌 휘

- '이중모음'을 신경쓰며 원고 읽기

   경찰청 쇠창살 외철창살 시청의 창살도 외철창살

   한국관광공사 곽진관 관광과장

   서울특별시 특허허가과 허가과장 허과장

   윤석례 박사는 그의 저서 민주주의의 의의에서

   팔레스타인 사태는 전례없는 인권탄압이라고 밝혔다

   저기 저 뜀틀이 내가 뛸 뜀틀인가 내가 안 뛸 뜀틀인가

　모음에 대한 훈련을 했으니, 지금부터는 자음에 대해 훈련해보겠습니다. 자음 발음의 가장 중요한 요소는 혀에 집중하는 것입니다. 'ㅁ, ㅂ, ㅃ, ㅍ'과 같은 입술소리를 제외한 나머지는 모두 혀가 입천장에 붙는 소리입니다. 다시 말해 혀가 정확한 위치에 있지 않으면 어눌한 소리, 혀 짧은 소리, 새는 발음으로 들릴 수 있다는 것이죠. 따라서 정확한 위치를 이해하고 훈련하며 어눌한 이미지를 개선해보시기 바랍니다.

① 입술소리

(윗입술과 아랫입술을 붙이며 발음합니다.)

• ㅁ, ㅂ, ㅃ, ㅍ

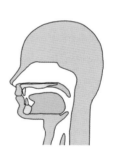

마 바 빠 파 므 브 쁘 프

· 파피푸패포 빠삐뿌빼뽀 바비부배보

· 푸념 밥풀 뽀루지 퍼센트 파이프

· 나풀나풀 나불나불 봄나물 산나물 가지나물

· 저기 저 말뚝은 말 맬 말뚝이냐 말 못 맬 말뚝이냐

· 이 분은 백 법학박사이고, 저 분은 박 법학박사이다.

② 혀끝소리

(혀끝을 윗니 뒷부분에 붙이며 발음합니다.)

- ㄴ, ㄷ, ㄸ, ㄹ

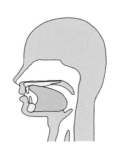

나 다 따 라 느 드 뜨 르

- 내가 그린 기린 그림은 잘 그린 기린 그림이고,

  니가 그린 기린 그림은 잘 못 그린 기린 그림이다.
- 따르릉 따르릉 따르르르릉
- 다닥다닥 붙어 앉은 대기자들
- 통통배는 통통통, 총소리는 탕탕탕, 통탕통탕 재미있다.
- 또르륵 또르륵 굴러가는 도토리

③ 혀 중간소리

(혀를 중간 입천장에 붙이며 발음합니다.)

- ㅅ, ㅆ, ㅈ, ㅉ, ㅊ

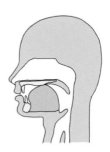

사 싸 자 짜 차 스 쓰 즈 쯔 츠

- 사랑하는 사람들과 사랑하며 사는 재미
- 생각이란 생각하면 생각할수록 생각난다.
- 숲속을 샅샅이 뒤져 사슴을 찾았다.
- 선생님이 철수에게 철수 책상은 새책상이라고 말씀하셨다.
- 촉촉한 초코칩이 되고 싶어서 촉촉한 초코칩 나라에 갔습니다.

④ 혀 뒷소리

(목구멍 안쪽에 있는 혀 뒤쪽을 입천장 뒤에 붙이며 발음합니다.)

• ㄱ, ㄲ, ㅇ, ㅋ

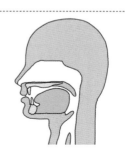

가 까 아 카 그 끄 으 크

· 카키쿠케코 가기구게고 까끼꾸께꼬
· 이 콩깍지가 깐 콩깍지인가 안 깐 콩깍지인가
· 커다랗고 까만 감자 하나가 쿵 떨어졌다
· 코 큰 코끼리 키 큰 키다리 감기 걸려 콜록콜록

⑤ 목구멍 소리

(혀와 입천장은 붙지 않고, 목구멍에서 공기와 함께 뱉으며 발음합니다.)

• ㅎ

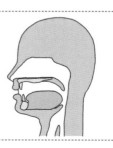

하 허 헤 호 후 흐 히

· 우리학교 교훈은 활기찬 학교입니다.
· 할머니와 할아버지께서 하하호호 웃으십니다.
· 가을하늘 위 하얀 뭉게구름이 기분을 상쾌하게 만듭니다.

⑥ 스스로 연습하기

모음과 자음 발음을 유의하며 정확하게 읽도록 연습해보세요.

스페인 마드리드 공항에서 발생한 일입니다. 남성은 스페인령 카나리아 제도로 향하는 항공편을 놓치고 말았는데요.

비행기는 이미 활주로를 향해 움직이는 상태였지만 포기를 모르는 의지의 사나이, 탑승교를 뛰어내려 비행기를 향해 계류장을 전력 질주했습니다.

더욱 놀라운 것은 남성이 비행기에 결국 탑승했다는 사실입니다. "탈 수 있다"라는 강인한 의지만은 인정해주고 싶은 남성의 모습 영상으로 만나 보시죠.

'전 세계를 누비다' 할 때, 누비다의 정확한 뜻을 아시나요?

'누비다'는 스님들이 입는 법보인 납의에서 유래됐습니다. 납의는 사람이 버린 낡은 헝겊을 모아 천 사이에 솜을 넣고 기워 만든 옷인데요.

이러한 납의가 발음하기 쉬운 나비로 바뀌었고 이후에는 누비로 바뀌었다고 합니다.

여기서 '누비다'란 말이 파생된 겁니다. 그런데 어떻게 '이리저리 돌아다니다'라는 뜻이 됐을까요?

납의를 만들 때 천 사이에 솜을 넣고 가로세로로 줄이 죽죽 지게 바느질을 했습니다.

이런 모습을 사람에 빗대어 이리저리 거침없이 다니는 행동을 가리키는 말이 되었다고 하네요.

발음 중에서도 받침이 뭉개지는 분들이 많이 계십니다. 앞서 자음 발음의 조음점을 훈련했기 때문에 이번에는 받침 발음에서 놓치기 쉬운 부분에 대해 훈련해보도록 하겠습니다.

① 모음에 충실한 받침 발음하기

받침 발음을 잘하기 위해서는 먼저 모음 발음 후 받침을 발음해야 합니다. 예를 들어 '난'을 발음할 때, 모음과 받침을 한 번에 소리를 내면 혀 짧은듯한 소리가 날 수 있습니다. 따라서 /나안/이라고 발음하듯이 처음에는 천천히 연습하다가 점점 속도를 올리며 모음 소리를 연습해보세요.

> 각 : /가-악/, 낸 : /내-앤/, 딜 : /디-일/, 롬 : /로-옴/
>
> 뭉 : /무-웅/, 법 : /버-업/, 삭 : /사-악/, 을 : /으-을/
>
> 난 : /나-안/, 질 : /지-일/, 촘 : /초-옴/, 쿵 : /쿠-웅/
>
> 텁 : /터-업/, 랩 : /래-앱/, 를 : /르-을/, 헐 : /허-얼/

받침 발음을 정확하게 내기 위한 두 번째 방법은 정확한 조음점에서 발음하는 것입니다. 예를 들어 '난'이라는 글자를 발음해보세요. 거울을 보며 발음하면 더욱 좋습니다. 'ㄴ' 발음은 앞서 혀끝소리로 훈련을 한 바 있습니다. 혀끝을 윗니 뒷부분에 붙이는 소리이죠. 따라서 윗니 아랫니가 닫혀야 합니다. 하지만 '난' 글자에서 마지막 'ㄴ' 받침에서 혀를 치아로 물고 있다면 잘못 발음하고 있는 것입니다. 윗니 아랫니를 닫아 혀끝이 윗니 뒤쪽에 붙을 수 있도록 유의하며 발음해보세요.

이번에는 '전무'라는 발음을 해볼까요? /전무/라고 잘 발음하시는 분들도 계시지만 /점무/라고 발음하는 분들도 계실 겁니다. 이는 게으름이 발동해 '전'의 'ㄴ' 받침을 제대로 발음하지 않고 넘어가며, '무' 글자의 'ㅁ' 발음을 미리 해버리는 것이죠. 다음을 참고하여 잘못된 발음을 하지 않도록 유의해보세요.

한강 : /항강/ (×), /한강/ (○)

전무 : /점무/ (×), /전무/ (○)

합격 : /학껵/ (×), /합껵/ (o)

문닫고 : /문닥꼬/ (×), /문닫꼬/ (○)

문법 : /품뻡/ (×), /문뻡/ (o)

깃발 : /깁빨/ (×), /긷빨/ (o)

② <u>스스로 연습하기</u>

받침 발음에 유의하며 다음 원고를 읽어보세요.

김윤석, 손수현 주연의 영화 '돌아온다'가 제41회 몬트리올 국제영화제의 첫 영화 경쟁 부문에서 금상을 받았습니다.

영화 '돌아온다'는 40년 전통의 몬트리올 국제영화제에서 전 세계 극영화 데뷔작 가운데 주목할 만한 작품을 엄선한 첫 영화 경쟁 부문에 상영돼 이 부문 최고상인 금상을 받았습니다.

동명 희곡을 원작으로 한 '돌아온다'는 '영화판'과 '미라클 여행기'를 연출한 허철 감독이 메가폰을 잡고, 배우 김윤석과 손수현이 주연을 맡았습니다.

지금까지 조음기관인 입술과 혀, 아래턱을 움직이는 발음 연습을 했습니다. 이렇게 정확한 위치를 알고 있어도 막상 발음을 할 때 발음이 뭉개지는 경우가 있습니다. 특히 어절 중간에 위치한 단어들이 잘 안들릴 때가 많죠.

예를 들면, '나타나다'라는 발음을 뭉개서 발음하면 '나타아다'처럼 들리는 경우가 있을 수 있고, '선생님'을 '선앵님'처럼 표현하기도 합니다. 이런 점을 개선하기 위해서는 한 글자, 한 글자 또박또박 발음하는 훈련이 필요하죠. 한국어는 영어나 중국어 등과 다르게 받침이 많아 딱딱하게 발음할수록 정확한 발음으로 구현됩니다. 따라서 한 음, 한 음 꼭꼭 씹듯이 발음하는 훈련을 해보겠습니다.

① 음절 단위로 또박또박 읽기

국/립/과/천/과/학/관/이/내/일/부/터/
오/는/시/월/이/십/구/일/까/지/극/지/체/험/특/별/전/을/엽/니/다./
이/번/특/별/전/에/서/는/극/지/의/다/양/한/생/물/과/
한/국/연/구/원/들/의/활/동/모/습/이/소/개/될/예/정/입/니/다./

② 어절 단위로 또박또박 읽기

국립과천과학관이/ 내일부터/ 오는/ 10월/ 29일까지/ 극지/ 체험특별전을/ 엽니다./
이번/ 특별전에서는/ 극지의/ 다양한/ 생물과/ 한국/ 연구원들의/ 활동/ 모습이/ 소개될/ 예정
입니다./

③ 문장 단위로 또박또박 읽기

국립과천과학관이 /

내일부터 오는 10월 29일까지 /

극지 체험특별전을 엽니다. /

이번 특별전에서는 / 극지의 다양한 생물과 한국 연구원들의 활동 모습이 /

소개될 예정입니다. /

④ 또박또박 원고 읽기

8월은 남반구에 위치한 /

칠레 산티아고의 한겨울입니다. /

한겨울 추위를 무색하게 만드는 열광의 도가니, /

칠레 산티아고 케이팝 현장인데요. /

2시에 시작하는 공연장 앞에 /

일찍부터 줄이 늘어서 있습니다. /

칠레 케이팝 페스티벌은 /

2009년부터 매년 개최돼 /

올해 9번째 행사입니다. /

궂은 날씨에도 불구하고 /

예상보다 훨씬 많은 1,500명이 /

경연장을 가득 채웠습니다. /

사전 동영상 심사를 통과한 총 20개 팀이 /

그동안 갈고 닦은 케이팝 실력을 뽐내게 됩니다. /

점점 더 뜨거워지는 칠레 젊은이들의 케이팝에 대한 열정만큼 /

앞으로는 더 다양한 문화교류가 활발히 이어질 것으로 기대됩니다. /

[출처] YTN 뉴스 중

날씨가 부쩍 추워졌습니다. /

이렇게 추워진 날씨에는 /

따뜻하고 포근한 패딩이 제격인데요. /

패딩은 겉감과 안감 사이에 /

충전재를 넣은 외투를 뜻하는 말이죠. /

그런데 최근에는 이런 패딩에 사용되는 /

거위털이나 오리털 등의 천연 소재를 대체한 /

신소재가 개발 되어서 /

많이 사용되고 있다고 합니다. /

그 신소재는 바로 /

웰론이라는 것입니다. /

이 소재는 국내에 있는 한 회사가 개발해서 /

특허를 얻은 원단으로 /

다운을 대체하기 위해서 개발된 /

폴리에스터 미세 솜털 합성보온재라고 합니다. /

조금 어렵죠? /

겉으로 보기에는 솜과 유사하지만 /

탄력성과 보온성이 매우 좋고, /

가볍다고 합니다. /

특히 물세탁까지 가능하다고 하니 /

동물 털 알레르기가 있는 분들에게도 /

도움이 되는 신소재라고 합니다. /

[출처] SBS생활정보

⑤ **스스로 연습하기**

다음 빈칸을 직접 채우며 모음, 자음, 받침을 신경쓰며 또박또박 정확한 발음으로 스피치를 해보시기 바랍니다. 실제 스피치 모습을 촬영하여 어색하지 않은지 점검해보세요.

스피치 주제 : 갖고 싶은 직업

안녕하세요. ○○○입니다.
오늘은 제가 갖고 싶은 직업에 대해 말씀드리겠습니다.
제가 갖고 싶은 직업은

_____

_____ 입니다.

왜냐하면

_____

_____

_____ 입니다.

예를 들면

_____

_____

_____ 입니다.

그래서 저는 _____ 직업을 갖고 싶습니다.

여러분들도 지금 가지고 있는 꿈을 꼭 이루시기 바랍니다.
감사합니다.

스피치 주제 : 무인도에 가져가고 싶은 3가지

안녕하세요. ○○○입니다.

오늘은 무인도에 가져가고 싶은 3가지에 대해 말씀드리겠습니다.

첫째,

_____

_____ 입니다.

왜냐하면

_____

_____ 입니다.

둘째,

_____

_____ 입니다.

왜냐하면

_____

_____ 입니다.

셋째,

_____

_____ 입니다.

왜냐하면

_____

_____ 입니다.

이상으로 제가 무인도에 가져가고 싶은 3가지에 대해 말씀드렸습니다.

감사합니다.

final
트레이닝

지금까지 배운 내용을 바탕으로 모음, 자음, 받침을 신경쓰며 스피치해보세요.

스피치 주제 : 나의 내년 계획 소개하기

인사 : 안녕하세요. ○○○입니다.

주제선언 : 지금부터 저의 내년 계획을 소개하겠습니다.

주장 : 저의 내년 계획은

_____

_____ 입니다.

이유 : 왜냐하면

_____

_____ 입니다.

사례 : 저는 이를 위해,

_____

_____

_____

_____ 노력할 계획입니다.

정리 : 그래서 저의 내년 계획은

_____

_____ 입니다.

마무리 인사 : 감사합니다.

귀에 꽂히는
리듬 스피치

귀에 꽂히는
리듬 스피치

: 스피치에도 페이스 조절이 필요합니다.

준비하기

■ **스피치를 잘하는 사람은 완급조절을 잘한다.**

우리가 살아가는 모든 것에는 리듬이 있습니다. 음악에서는 강, 약, 중간, 약이 있고, 상승기가 있으면 하강기가 있으며 산이 깊으면 골짜기 또한 깊죠. 우리는 바이오리듬을 위해 5일을 전력투구하고, 주말에는 새로운 한 주를 위해 충전하기도 합니다. 이처럼 스피치를 할 때도 완급조절이 필요합니다. 청중의 입장에서 발표자가 같은 속도, 같은 억양으로 무미건조하게 이야기한다면 집중력도 금방 사라지고 흥미가 떨어지게 되겠죠. 따라서 이번 7 Step에서는 스피치를 할 때 어떻게 완급조절을 해야 하는지에 대해서 알아보도록 하겠습니다.

스피치에서 완급조절은 세 가지로 정리할 수 있습니다. 그 중 첫 번째는 '속도조절'입니다. 말이 너무 빠르면 발음도 꼬이고 점점 숨도 차게 됩니다. 그래서 목소리가 떨리거나 굉장히 격양된 느낌으로 말을 하게 되죠. 또한 말을 빠르게 하면 성격이 급하게 보여 듣는 사람까지 조급함을 느끼게 됩니다. 반면, 너무 말을 느리게 하면 나른함과 지루함을 줄 수 있고 다소 어눌해 보이는 이미지를 줄 수도 있습니다.

말이 빨라서 발표를 망치는 경우가 상대적으로 훨씬 많기 때문에 우리는 여기에 초점을 두고 이야기해 보겠습니다. 말이 빠르다는 것은 다르게 말하면 쉼이 없다는 이야기입니다. 보통 원고에서 문장의 끝에는 마침표나 쉼표를 찍게 됩니다. 그때 발표자도 새로운 호흡을 충분히 들이마셔야 하는데, 빨리 스피치를 마쳐야 한다는 생각에 쉬지 않고 빨리 말하면 결국 호흡곤란을 느껴 불안한 스피치를 할 수밖에 없습니다. 그렇기 때문에 원고에서 한 문장이 끝나고 다음 문장을 시작할 때 발표자도 마찬가지로 충분한 쉼이 필요합니다.

한 문장 안에서도 pause(잠시 멈춤), 즉 쉼이 필요합니다. 중요한 말을 하기 전에 잠시 멈추고 숨을 고른 다음에 단어나 의미를 강조하는 것이 좋습니다. 예를 들어 한 호흡으로 "지금부터 발표를 시작하겠습니다."라고 이야기 하는 것과 "지금부터 발표를 (잠시 멈춤) 시작하겠습니다."라고 이야기 하는 것을 비교해 본다면, 잠시 멈춤 뒤에 있는 '시작'이라는 단어가 더 잘 들리는 것을 느낄 수 있습니다.

여기에서, 잠시 멈춤이란 호흡을 들이마시는 것이 아니라 말소리를 잠깐 멈추는 것을 의미합니다. 그러나 한 문장 안에서 너무 오랜 쉼을 두면 의미전달이 떨어지거나 어색하게 들릴 수 있기 때문에 유의하시기 바랍니다. 쉼표나 마침표에서 쉬는 숨이 1이라고 가정하면, 문장 안에서 잠시 멈춤은 0.5라고 생각하면 됩니다.

두 번째 완급조절은 바로 '강약조절'입니다. 쉽게 말하면, 중요한 말을 더 잘 들리게 표현하는 것이죠. 강약이나 고저 없이 한 음으로 밋밋하게 말하면 차분하게 보이기는 하지만 적극성이 부족해 보입니다. 따라서 중요한 단어의 음을 높이거나 낮춰 강약조절을 함으로써 전달력을 높일 수 있습니다. 예를 들면, "안녕하세요. ○○○입니다."라는 첫 인사에서 이름을 강조하여 인상을 남기는 것이 좋겠죠? 이름이 청중들에게 강조되기 위해서는 차별화된 리듬이 필요합니다. 이름 부분에서 반 음에서 한 음을 더 높여 말하면 지루하지 않고 중요한 단어가 더 잘 들릴 것입니다. 이러한 강약조절로 스피치에 리듬감을 불어넣을 수 있습니다.

마지막 완급조절 방법은 '말투조절'입니다. 상냥한 사람에게는 부드러운 리듬이 있고, 딱딱한 사람에게는 그에 따른 차가운 리듬이 있습니다. 보통 이러한 리듬은 말의 끝을 어떻게 표현하느냐에 따라 달라질 수 있습니다. 간단하게 설명하면, 말끝을 올리거나 길게 끌면 상대적으로 상냥하게 보이고 말끝을 내리거나 짧게 처리하면 상대적으로 딱딱하게 보일 수 있습니다.

위에서 말한 3가지 완급조절을 잘 활용한다면, 스피치에 생기를 불어넣을 수 있을 것입니다. 자세한 훈련법은 실전 트레이닝에서 함께 훈련해보도록 하겠습니다.

■ 성격에 따라 좌우되는 스피치? 하지만 절대적이지는 않다.

지금까지 말씀드린 완급조절이 이해는 되지만 실천이 어렵다고 느끼시죠? 천천히 말하고 싶고, 밋밋하지 않게 말하고 싶은데 마음처럼 쉽지 않을 것입니다. 그 이유는 우리의 성격과 살아온 환경에 따라 이미 말하는 습관이 굳어졌기 때문입니다. 실제로 성격이 급한 분들이 말도 빨리 하는 경향이 있고, 행동이 느리거나 생각이 신중한 분들이 말이 느린 편입니다. 또한, 직업적으로 사람을 상대해야 하는 분들은 말투도 부드러운 경우가 있죠. 예를 들면, 유치원 선생님이나 상담사의 말끝을 잘 들어보면 길게 늘어지는 경우가 많고, 반대로 기자나 아나운서의 말끝은 짧고 간결한 것을 느낄 수 있습니다. 이처럼 환경이나 성격에 의해 목소리나 말투는 달라집니다.

하지만, 이는 절대적이지는 않습니다. 생각이 빠르고 행동도 빠르지만 사람을 상대할 때는 차분하게 이야기하는 사람도 있고, 굉장히 꼼꼼하고 분석적이지만 말의 속도는 빠른 사람도 있습니다. 따라서 원하는 이미지가 있다면 충분히 변화할 수 있고 원하는 목소리와 말투 또한 만들 수 있습니다. 물론, 정확한 방법을 알고 충분히 훈련한다는 전제하에 말이죠. 그러니 포기하지 마시고 꾸준히 훈련해보세요. 지금부터 스피치에 리듬을 더할 준비가 되셨나요? 그럼 훈련을 시작해보겠습니다.

실전 트레이닝 리듬 있게 말하기

트레이닝 1. 속도조절을 위해 끊어 말하기

말이 빠른 분들은 속도를 제어할 수 있어야 합니다. 누군가 말을 끊기 전까지 속도는 탄력을 받아 점점 더 빨라지고, 그렇게 습관이 굳어지다 보니 스피치를 할 때 쉬는 구간을 놓칠 수 있습니다. 따라서 우선 쉬는 구간을 체크한 원고를 읽으면서 훈련하는 것이 필요합니다. 하지만 이런 원고가 익숙하지 않아 처음에는 표시된 쉬는 구간에서 쉬지 않고 그냥 넘어갈 수 있습니다. 그렇지만 쉬는 구간을 정확히 지키면서 원고를 읽어야 정확한 훈련이 될 수 있으니 최대한 지키려고 노력하며 원고를 읽으셔야 합니다. 다음 원고를 이용해 끊어 읽기를 훈련해보겠습니다.

① 원고 끊어 읽기

두 명의 물장수가 있었습니다./(쉼)

10리길을 왕복해서/(쉼) 물통에 물을 담아 시장에 팔았습니다./(쉼)

부지런히 하면/(쉼) 하루 5번 정도 왕복이 가능했습니다./(쉼)

그러던 어느 날/(쉼) 한 물장수가 생각했습니다./(쉼)

과연 내가 나이가 들어서도/(쉼) 지금처럼 물을 길을 수 있을까?/(쉼)

고민 끝에 그는 자기가 물을 퍼오던 수원지에서/(쉼)

시장까지 파이프를 놓기로 결심했습니다./(쉼)

오전에는 땅을 파고/(쉼) 오후에만 물을 길었습니다./(쉼)

그러다보니 하루에 세 번 정도밖에 물을 길을 수 없었고,/(쉼)

수입이 줄어들었습니다./(쉼)

이를 지켜 본 다른 물장수는/(쉼) 무모한 일이라며 비난했습니다./(쉼)

그는 동료 물장수의 걱정에도 아랑곳하지 않고,/(쉼)

열심히 파이프를 놓았습니다./(쉼)

5년의 시간이 흘렀고,/(쉼) 파이프도 완성됐습니다./(쉼)

동료 물장수는 노쇠해져서/(쉼) 하루에 3번 정도밖에 왕복을 할 수 없었습니다./(쉼)

반면, 파이프를 놓은 물장수는/(쉼) 파이프 꼭지를 들어 손쉽게 물을 얻을 수 있었습니다./(쉼)

표시되어 있는 곳에서 충분히 쉬셨나요? 단조롭게 쉬다보니 조금 어색한 느낌이 있으셨을 겁니다. 그래서 이번에는 의미를 생각하며 끊어 읽기를 해보겠습니다. 의미 전달을 우선시하고 주어/목적어/서술어 부분에서 반 호흡 해보겠습니다. 이때, 반 호흡은 숨을 들이마시는 것이 아니라 말을 잠깐 멈춘다는 점을 신경 쓰시기 바랍니다.

② 반 호흡을 활용해 끊어 읽기

/은 한 호흡, ∨은 반 호흡입니다. 유의하며 낭독해봅시다.

두 명의 물장수가 ∨ 있었습니다. /

10리길을 왕복해서 ∨ 물통에 물을 담아 ∨ 시장에 팔았습니다. /

부지런히 하면 ∨ 하루 5번 정도 ∨ 왕복이 가능했습니다. /

그러던 어느 날 ∨ 한 물장수가 생각했습니다. /

과연 내가 나이가 들어서도 ∨ 지금처럼 ∨ 물을 길을 수 있을까? /

고민 끝에 그는 ∨ 자기가 물을 퍼오던 ∨ 수원지에서 시장까지 ∨ 파이프를 놓기로 결심했습니다. /

오전에는 땅을 파고 ∨ 오후에만 ∨ 물을 길었습니다. /

그러다보니 ∨ 하루에 세 번 정도밖에 ∨ 물을 길을 수 없었고, /

수입이 줄어들었습니다. /

이를 지켜 본 다른 물장수는 ∨ 무모한 일이라며 ∨ 비난했습니다. /

그는 동료 물장수의 걱정에도 ∨ 아랑곳하지 않고, /

열심히 파이프를 ∨ 놓았습니다. /

5년의 시간이 ∨ 흘렀고, /

파이프도 ∨ 완성됐습니다. /

동료 물장수는 노쇠해져서 ∨ 하루에 3번 정도밖에 ∨ 왕복을 할 수 없었습니다. /

반면, / 파이프를 놓은 물장수는 ∨ 파이프 꼭지를 틀어 ∨ 손쉽게 물을 얻을 수 있었습니다. /

③ 한 호흡과 반 호흡 직접 체크하고 낭독하기

아래 원고에서 반 호흡과 한 호흡을 적절하게 체크하고, 직접 낭독해보세요.

전반적으로 올림픽대로보다 강변북로가 더 시간이 걸리는 편입니다.

더군다나 동부 간선도로 성동교 아래 사고까지 나면서 강변북로 이촌동 부근에서 성수 방향으로 꽉 막혀있습니다.

행주대교 북단에서 뚝섬까지 한 시간 정도 예상됩니다.

서쪽 이동에는 올림픽대로 정체도 두드러지는데요.

청담동에서 노량진까지 길게 밀리고 있습니다.

특히나 북부 간선도로 월릉이나 이후로 내부순환로 길음동 부근은 노면 상태가 좋지 않아서 신내동에서 신영동 방향, 간선도로 진행이 많이 더디니, 도심 안으로 돌아가는 게 빠르겠습니다.

성산대교 건너 도심 진입에는 지체를 피하기가 어렵습니다.

내부순환로 홍은동까지 꽉 막혀있을 뿐만아니라 옆으로 성산로도 마포구청에서 이대 후문까지 긴 구간 정체입니다.

이대역 부근은 동교동 외곽 방향도 차량 흐름이 많이 더딥니다.

[출처] 라디오 교통정보

안녕하세요. 우리말 나들이의 ○○○입니다.

제가 지금 굉장히 시원한 동굴에 나와있는데요.

바깥과 무려 14도나 차이가 난다고 합니다.

여러분, 얼음과 관련한 다양한 우리말이 있다는 것을 알고 계셨나요?

얼음과 관련된 우리말 중에 물이나 눈이 얼어붙은 위에 다시 물이 흘러서 여러 겹으로 얼어붙은 얼음을 너레라고 하고, 깨지거나 부서지기 쉬운 얼음은 퍼석 얼음이라고 합니다.

또, 매얼음은 매우 단단하게 꽁꽁 언 얼음을 말하는데요.

얇게 살짝 언 얼음은 살얼음, 쪼개진 얼음의 한 부분은 얼음 쪽이라고 표현한다고 합니다.

[출처] 우리말 나들이

④ 스스로 연습하기

빈칸에 내용을 작성한 뒤 쉬는 구간을 표시한 후 스피치 훈련을 해보세요.

스피치 주제 : 내 인생의 황금기

안녕하세요. ∨ ○○○입니다./

오늘은/ 제 인생의 황금기에 대해 ∨ 설명드리겠습니다./

제가 생각하는 ∨ 제 인생의 황금기는/

_____

_____ 입니다./

왜냐하면/

_____

_____ 입니다.

예를 들면/

_____

_____

_____

_____

_____

_____

_____ 입니다.

그래서 저는/

_____

_____

_____ 을 제 인생의 황금기라고 생각합니다. /

지금이 여러분의 인생 황금기가 될 수 있도록/ 현재를 즐기시기 바랍니다. /

감사합니다. /

앞서 끊어 말하기에 대한 훈련법이 말이 빠른 분들을 위한 교정법이었다면, 이번에는 말이 빠른 분들에게는 천천히, 말이 느린 분들에게는 속도감을 낼 수 있는 훈련을 해보겠습니다. 속도조절을 하기 위해서 모든 말을 천천히 하거나 빨리 하면 그것도 어색해지겠죠? 실제로 그렇게 할 수도 없고요. 따라서 이러한 속도조절은 단어의 속도를 조절하면 효과적입니다.

① 빠르게, 느리게 속도조절하기

말이 빠른 분들은 앞서 훈련했던 것처럼 쉼이 없어서 속도가 빨라지는 것도 있지만, 단어 또는 어절 간격이 좁아지기 때문에 말이 더 빠르게 들리는 이유도 있습니다. 예를 들어, '입니다.', '습니다.'를 빨리 말해서 /임다/, /습다/로 발음하는 경우이죠. 이렇게 되면, 말이 웅얼거리게 들리거나 뭉개져서 명료함이 떨어지게 됩니다. 따라서 말을 천천히 하기 위해서는 단어 또는 어절 사이 간격을 늘이는 훈련이 필요합니다. 이를 '천천히 강조법'이라 표현하겠습니다.

"스피치의 기본은 자신감입니다."라는 문장을 보겠습니다. '스피치'는 /스~으피치/로, '기본'은 /기~이본/, '자신감'은 /자~아신감/으로 간격을 늘려 표현하는 것이죠. 중요한 단어에만 적용하거나 선별적으로 활용하시면 효과적입니다. 다음을 보고 강조할 단어에 따라 알맞게 천천히 강조하며 읽어볼까요?

- 스으~피치의 기본은 자신감입니다.
- 스피치의 기~이본은 자신감입니다.
- 스피치의 기본은 자~아신감입니다.
- 스피치의 기~이본은 자~아신감입니다.

이와 반대로 말이 느린 분들은 단어 사이 간격을 멀게 표현해서 더 느리고 답답하게 보입니다. 따라서 단어 간격을 좁히면 속도감을 부여할 수 있습니다. 하지만, 말을 전부 빨리 한다는 건 너무 어렵겠죠? 그래서 중요하지 않은 부분만 빨리 읽는 훈련을 해보겠습니다. 일명 '빠르게 강조법'이라고 표현하겠습니다.

"스피치의 기본은 자신감입니다."라는 문장에서 '~의', '~은', '~입니다'는 상대적으로 중요도가 떨어지는 부분입니다. 따라서 이 부분은 속도감 있게 처리하면 좀 더 생동감 있는 스피치를 할 수 있습니다. 다음의 예시를 보고 중요하지 않은 문장은 빠르게 읽어봅시다.

스피치의 기본은 자신감입니다.
말을 빨리하면 조급해보이고, 말을 느리게하면 지루해보입니다.

② '천천히 강조법'

지금부터 여러분이 스스로 적당하다고 생각하는 속도로 천천히 읽으며 훈련해보겠습니다.

- 시속 156km를 던지는 야구괴물이 나타났습니다.
- 우리 가족은 4명이고, 그 중 남자는 2명입니다.
- 정부는 고용률을 7%에서 10%로 늘릴 계획입니다.
- 찬성은 오른손을, 반대는 왼손을 들어주세요.

- 시속 배~액~오~십~유~욱킬로미터를 던지는 야~아구괴물이 나타났습니다.
- 우리 가족은 네~에명이고, 그 중 남자는 두~우명입니다.
- 정부는 고용률을 치~일 퍼센트에서 시~입 퍼센트로 늘릴 계획입니다.
- 찬성은 오~른손을, 반대는 외~엔손을 들어주세요.

많~이 씹을수록 스트레스가 풀~린다라는 이야기 들~어보신 적 있으신가요?

호주에 있는 스~위번 대학 연구팀이 이 이야기가 사~실인지 조사를 해봤다고 해요.

껌~을 씹으면 스~트레스 호르몬인 코르티솔 수치가 감~소해서, 불~안감이나 스트레스를 줄~일 수 있다고 합니다.

뿐만 아니라 씹기는 집~중력 강화에도 큰 도~움이 된다는데요.

미국 세인트로렌스 대학 연구팀이 1~59명의 학생을 두~ 그룹으로 나눈 뒤, 한 그룹에만 껌~을 씹게 하고 퍼~즐을 맞추게 했는데, 껌~을 씹으며 퍼즐을 맞춘 학생들이 그렇지 않~은 학생들보다 무려 4~0%나 뛰어난 수~행능력 평가를 받았다고 합니다.

연구팀은 껌~을 씹는 동안 증~가한 혈~류량이 뇌로 공급되는 산~소량으로 이어져 뇌 기능이 향~상됐기 때문이라고 밝혔다네요.

어딘가 꽉~ 막히고, 스트레스를 날~리고 싶다면, 껌 씹기에 도~전해보는 건 어떠세요?

SBS 생활정보였습니다.

[출처] sbs 뉴스

한 취업 포털 사이트가 지난 4월 성인남녀를 대상으로 인맥을 정~리하는 이른 바 인~맥 다이어트에 대한 조사를 시행해 화~제입니다.

조사 대상의 4~6%는 '인맥 다이어트를 한 적이 있~다'고 답했고, '생각은 했으나 실~행으로 옮기지는 못~했다'는 답변도 3~6%에 달했습니다.
인맥 다이어트의 이~유로는 '타인에게 프~로필을 공개하고 싶지 않~아서'가 가장 높~았고 '진~짜 친구를 찾기 위해서'라는 답변이 그 뒤~를 이었습니다.

최근에는 관계를 간~소화하는 인맥 다이어트를 넘어 티~슈인맥이라는 신~조어까지 생겼습니다. 이는 '티~슈(tissue)'와 '인~맥'의 합~성어로 쓰고 버리는 티슈처럼 내가 필~요할 때만 만~나고 소~통하는 '일~회성' 인간관계를 말합니다. 전문가들은 현대인들이 인~간관계로 스트레스에 시~달리면서, 혼자가 되고 정~서적 유대감을 잃~더라도 인맥 단~절을 선~호하게 되었다고 분석했습니다.

[출처] sbs 뉴스

• 천천히 강조법으로 원고 읽기

　빈칸을 채운 뒤 실제 천천히 강조할 부분을 표시한 후 스피치 훈련을 해보세요.

스피치 주제 : 추천하고 싶은 맛집

안녕하세요. ○○○입니다.

오늘은 제가 추천하고 싶은 맛집에 대해 소개하겠습니다.

제가 소개하고 싶은 맛집은 ＿＿＿＿＿＿＿＿＿＿＿＿＿＿＿＿＿＿ 입니다.

왜냐하면

＿＿＿＿＿＿＿＿＿＿＿＿＿＿＿＿＿＿＿＿＿＿＿＿＿＿＿＿＿＿＿

＿＿＿＿＿＿＿＿＿＿＿＿＿＿＿＿＿＿＿＿＿＿＿＿＿＿＿＿＿＿＿

＿＿＿＿＿＿＿＿＿＿＿＿＿＿＿＿＿＿＿＿＿＿＿＿＿＿ 입니다.

예를 들면

＿＿＿＿＿＿＿＿＿＿＿＿＿＿＿＿＿＿＿＿＿＿＿＿＿＿＿＿＿＿＿

＿＿＿＿＿＿＿＿＿＿＿＿＿＿＿＿＿＿＿＿＿＿＿＿＿＿＿＿＿＿＿

＿＿＿＿＿＿＿＿＿＿＿＿＿＿＿＿＿＿＿＿＿＿＿＿＿＿ 입니다.

그래서 저는

＿＿＿＿＿＿＿＿＿＿＿＿＿＿＿＿＿＿＿＿＿＿＿＿＿＿＿＿＿＿＿

＿＿＿＿＿＿＿＿＿＿＿＿＿＿＿＿＿＿＿＿＿＿ 을 맛집으로 추천하고 싶습니다.

여러분들도 한번 가보셔서 맛있는 음식을 드셔보세요.

감사합니다.

---

③ '빠르게 강조법'

이번에는 말을 느리게 하는 분들을 위한 빠르게 강조법 훈련을 해보겠습니다. 앞서 설명드린 바와 같이 의미상 덜 중요한 부분에 단어 간격을 좁혀 속도감을 표현해보시기 바랍니다.

- 시속 156km를 던지는 야구괴물이 나타났습니다.
- 우리 가족은 4명이고, 그 중 남자는 2명입니다.
- 정부는 고용률을 7%에서 10%로 늘릴 계획입니다.
- 찬성은 오른손을, 반대는 왼손을 들어주세요.

벌써 9월의 첫날입니다. 아침저녁으로 서늘한 바람이 느껴질 만큼 가을이 성큼 다가왔는데요. 일교차도 10도 이상이라고 하는데, 건강에 더 유의하셔야겠습니다. 이럴 때일수록 저희 〈VJ 특공대〉를 함께 시청하시면서 따뜻한 밤 보내시는 건 어떨까요?

여행지나 새로운 지역을 방문할 때면 어디에서 무엇을 먹을까 하는 고민을 가장 먼저 하게 되죠. 그래서 저희 VJ가 직접 동네의 숨은 맛집을 찾아 나섰습니다. 사전조사도 없고 또 섭외도 없이, 오직 주민들에게만 물어 물어서 진짜 맛집을 만날 수 있을까요? 함께 만나보시죠.

자그마치 1만 8천여 개의 섬으로 이뤄진 나라가 있습니다. 바로 인도네시아인데요. 우리에게는 휴양지의 나라로 잘 알려져 있죠. 그런데 여기 인도네시아에서도 아는 사람만 안다는 비밀스러운 곳이 있습니다. 천혜의 자연환경과 그 안에서 펼쳐지는 다채로운 식재료의 향연까지, VJ 카메라에서 만나보시죠.

인천에는 작은 섬, 소이작도가 있습니다. 항상 조용했던 섬마을에 1년 전부터 아이들의 웃음소리가 끊이질 않는다고 하는데요. 바로 소이작도의 명물, 귀여운 5남매 덕분이라고 합니다. 5남매 가족의 알콩달콩한 섬 생활기를 지금 소개합니다.

최근 먹거리에 대한 걱정이 끊이질 않고 있습니다. 저 역시 장을 보러 가도 이 식품이 과연 안전한가, 살 때 한 번 더 확인하게 되는데요. 안전한 식생활을 위해서 자신만의 돌파구를 찾은 사람들이 있습니다. 건강을 위해서 편식을 선택했다는 사람들의 이야기를 VJ 카메라에 담았습니다.

[출처] kbs VJ 특공대

• '빠르게 강조법'으로 원고 읽기

빈칸을 채운 뒤 실제 빠르게 강조할 구간을 표시한 후 스피치 훈련을 해보세요.

스피치 주제 : 최근 본 신문기사

안녕하세요. ○○○입니다.
오늘은 제가 최근에 본 신문기사에 대해 소개하겠습니다.
제가 소개하고 싶은 신문기사는

_____

_____ 입니다.

왜냐하면

_____

_____ 입니다.

예를 들면

_____

_____ 입니다.

그래서 저는

_____

_____ 을 여러분에게 소개하고 싶습니다.

감사합니다.

앞에서 속도조절에 대해 훈련했다면, 이번에는 좀 더 전달력을 높이는 리듬을 만들어보겠습니다. 전달력이 좋다는 것은 잘 들린다는 의미이죠. 특히 중요한 단어는 청중에게 전달이 잘 되어야 합니다. 속도조절로 청중들의 이목을 집중시켰지만, 밋밋하게 한 음으로 일정하게 말을 하면 열심히 준비한 스피치 내용이 잘 전달되지 않겠죠. 따라서 여러분이 열심히 준비한 발표가 잘 전달이 될 수 있도록 적극적으로 표현해야 합니다. 리듬스피치를 만드는 3가지 스킬에 대해 알아보겠습니다.

① 높임 강조

높임 강조는 중요한 부분에서 음을 높여 전달력을 높이는 강조기법으로 주로 긍정적인 의미에 많이 사용됩니다.

'인생의 승리는 용기에서 시작됩니다.'

위 문장에서 여러분은 어느 부분을 강조하고 싶으신가요? 사실, 정답은 없습니다. 강조할 부분은 말하는 사람이 결정하는 것이니까요. 단, 의미 전달이 어색하지 않도록 주의하시기 바랍니다. 각 부분에 높임 강조를 적용해서 스피치해보도록 하겠습니다.

인생의 승리는 용기에서 시작됩니다.

인생의 승리는 용기에서 시작됩니다.

인생의 승리는 용기에서 시작됩니다.

인생의 승리는 용기에서 시작됩니다.

남의 아름다움을 질투하면, 자신의 아름다움도 사라집니다.

남의 아름다움을 칭찬하면, 자신의 아름다움은 더욱 빛납니다.

안녕하세요~ 정오의 희망곡의 ○○○ 입니다.

우리 모두가 일반적으로 알고 있는 세상에 중요한 금 세 개가 있지요.

땅속에서 나는 황금, 음식의 맛을 내는 소금, 가장 중요한 현재인 바로 지금.

황금, 소금, 지금!!

이 말이 너무 멋있다고 생각한 남편이 아내에게 문자를 보냈습니다.

"여보 세상을 살아가는데 꼭 필요한 3가지 금이 뭐라고 생각해?" 잠시 후 아내에게서 답장이 왔어요.

"현금~지금~입금~!!!"

오늘 첫 곡은 ○○○입니다.

[출처] 정유미 FM데이트 중

우리에겐 조커로 더 익숙한 배우 히스레저에게 한 기자가 이런 질문을 한 적이 있는데요.

지금 당신에게 가장 부족한 게 뭐라고 생각하나요?

이 질문에 대한 그의 대답은 무엇이었을까요?

바로, 나에 대한 성의가 부족하다는 것이었습니다.

그의 설명에 따르면, 칭찬받아 마땅한 일은 칭찬을 받도록 해주는 것이 나에 대한 예의이고, 위로가 필요하면 위로를, 응원이 필요하면 응원을 받도록 해주는 게 나에 대한 성의라는 거죠.

그런데 우린 그것에 대해 너무 인색하다고 합니다. 남한테는 한 없이 다정한데, 나한테는 너무 야박하다는 거죠. 그래도 어려우시다고요? 그럼 제가 대신해드릴게요.

여러분! 진짜 최고예요, 최고.

[출처] 정유미 FM데이트 중

• '높임 강조'로 원고 읽기

빈칸을 채운 뒤 음을 높여 강조할 구간을 표시한 후 스피치 훈련을 해보세요.

스피치 주제 : 가장 듣고 싶은 칭찬

안녕하세요. ○○○입니다. 오늘은 제가 가장 듣고 싶은 칭찬에 대해 소개하겠습니다.

제가 듣고 싶은 칭찬은

_____

_____

_____ 입니다.

왜냐하면

_____

_____

_____ 입니다.

예를 들면

_____

_____

_____ 입니다.

그래서 저는

_____

_____ 을 가장 듣고 싶습니다.

감사합니다.

---

② 낮춤 강조

낮춤 강조는 분위기를 전환시키거나 주의를 환기시킬 때 음을 낮춰 강조하는 기법으로, 주로 부정적인 의미로 전환할 때 많이 사용됩니다. 단, 음성이 크게 표현되다가 강조부분에서 약간 조용하게 음을 낮춰 표현해야 합니다. 계속 음을 낮춰서 표현하면 강조가 잘 들리지 않으니 유의하시기 바랍니다.

그날 오후,

이번엔 인순 할머니가 수돗가로 나오셨네요. 달그락거리는 소리에 장임 할머니가 나와 보십니다.

조금 전 씻어놓은 걸 인순 할머니가 다시 씻으시자 불판을 사이에 둔 공방이 계속됩니다.

불판이 제대로 씻기지 않았다는 인순 할머니… 그럴리가 없는데 무슨 상황일까요?

화가 난 장임 할머니가 급기야 자리에 누워 버리시네요.

[출처] kbs 인간극장 내레이션 중

위 원고에서처럼 분위기가 전환될 때, 음을 낮춰 표현해 청중들의 이목을 확 끌어오는 것이죠. 그렇다면 다음의 원고를 읽으며 훈련해봅시다.

- 해가 뜨기 직전이 가장 어둡습니다.
- 1950년 6월 25일, 민족의 비극이 시작됐습니다.
- 새끼 고양이는 아직 살아있었습니다.
- 하지만 어머니는 강해야 했습니다.

청년실업이 갈수록 심화되는 가운데 공무원 채용에 연령제한이 없어지면서 9급 공무원 준비생을 일 컫는 이른바 '구준생'이 늘고 있습니다.

지난 달 9급 공무원 채용시험에는 무려 20만 명에 이르는 수험생이 몰렸습니다.

불안한 경기에 안정된 일자리를 찾는 구준생!!

이제는 20대부터 50대까지 구준생이 되고 있는 현실, 구준생의 하루를 따라가 봅시다.

[출처] 시사매거진 2580

안녕하십니까? PD수첩 신년기획 그 세 번째 시간입니다.

오늘은 가계부채 900조 원 시대에 빚과 함께 결혼할 수밖에 없는 20~30대의 이야기를 하려고 합니다.

통계청 발표에 따르면 2012년 30대 가구의 부채율은 4천 6백 9만 원으로 전년대비 15.8%가 늘었습니다. 또, 20대 가구의 평균 부채율은 천 2백 6십 8만 원으로 일년 사이 35.4%나 증가했습니다. 돈 때문에 결혼을 포기하고 빚 때문에 미래를 빼앗겼다 말하는 2,30대들의 목소리를 들어봤습니다.

[출처] PD수첩 중

• '낮춤 강조'로 원고 읽기

빈칸을 채운 뒤 실제 낮춰서 강조할 구간을 표시한 후 스피치 훈련을 해보세요.

스피치 주제 : 위로해주고 싶은 사람

안녕하세요. ○○○입니다.

오늘은 제가 위로해주고 싶은 사람에 대해 소개하겠습니다.

제가 생각하는 위로해주고 싶은 사람은

_____

_____ 입니다.

왜냐하면

_____

_____ 입니다.

예를 들면

_____

_____ 입니다.

그래서 저는

_____

_____ 위로해주고 싶습니다.

감사합니다.

---

③ 느낌 강조

느낌 강조는 약간 생소하게 느끼시는 분들도 계실 것 같습니다. 바로 단어나 문장이 가지고 있는 느낌을 잘 표현하는 강조기법으로 평소 담백하게 말하거나 성격상 표현력이 부족한 분들에게 필요한 훈련입니다. 말 그대로 강조하고 싶은 부분에서 동작이 큰 제스처를 하며 약간 오버스럽게 표현하는 방법이죠. 말에 느낌을 싣는 것만으로도 더 리듬 있는 스피치를 할 수 있답니다. 문장 중 중요하다고 생각하는 부분에 여러분만의 느낌을 잘 살려 표현해보시기 바랍니다.

- 갑자기 엄~청난 비바람이 몰려왔습니다.
- 최~고의 팀워크가 강점입니다.
- 90%의 높~은 승률을 자랑합니다.
- 세상을 보는 커~다란 눈이 필요합니다.
- 더 많~은 직원들에게 교육을 실시합니다.
- 그는 노래를 크~게 불렀습니다.
- 어려운 과제를 잘! 해냈네.

안녕하세요. 쇼핑호스트 ○○○입니다.

7월 특집으로 쿨 썸머 페스티벌을 진행 중인데요. 방송 상품을 모바일로 주문하면 더 풍~성한 혜택이 마련되어 있으니 꼭~ 모바일로 주문하셔서 더 큰~ 혜택 놓치지 마시기 바랍니다.

모바일 앱이 아직 없으신 분들은 지~금 바로 전화주시면 앱 다운로드부터 구매방법까지 자~세하게 안내해드리겠습니다.

그럼 즐~거운 TV쇼핑, 지금부터 시작합니다.

누구나 한~번쯤은 꿈을 꾸고 그려봅니다.

멋~진 배 위에서 붉~은 석양을 품에 안은 아~주 낭만적인 순간을 말이죠.

누군가는 진~한 그리움을, 또 누군가는 새~로운 꿈을 안고 동해에서 일본까지 438km.

뱃길따라 쏠~쏠히 여행을 떠났습니다.

느리게 흘러가는 낯선 풍경 속에서 나를 돌아보고, 사랑하는 이들의 얼굴을 새~로이 마주하는 시간.

선물처럼 찾아온 여름 바다의 특~별한 만남과 추억을 함께 나눠보시겠습니까?

[출처] 다큐멘터리 3일

• '느낌 강조'로 원고 읽기

빈칸을 채운 뒤 실제로 느낌을 강조할 구간을 표시한 후 스피치 훈련을 해보세요.

스피치 주제 : 가장 친한 친구 소개하기

안녕하세요. ○○○입니다.

오늘은 저의 가장 친한 친구를 소개하겠습니다.

그 친구는 _____ 입니다.

왜냐하면

_____

_____

_____ 입니다.

예를 들면

_____

_____

_____

_____ 입니다.

그래서 저는

_____

_____을 소개하려고 합니다.

감사합니다.

트레이닝 4. 상황에 맞는 목소리 연출법

우리는 말을 할 때 다양한 상황에 놓이게 됩니다. 까다로운 상대를 설득해야 할 때도 있고, 좀 더 친근하게 다가가야 할 때도 있죠.

예를 들어, 고객을 만나서 우리 회사의 제품을 설명해야 하는 자리인데, 고객이 굉장히 꼼꼼하고 신중한 성격입니다. 그럴 때 우리는 좀 더 신뢰감 있는 목소리로 정확한 정보를 줘야 하겠죠. 또 힘들어하는 친구나 동료를 위로해야 할 때, 단호한 말투보다는 좀 더 친근하고 상냥한 목소리 연출이 필요합니다.

따라서 상냥함과 신뢰감이 필요한 두 가지 상황에 대한 목소리 연출법을 훈련해보겠습니다. 처음 보는 상대와 좋은 분위기를 조성해야 한다거나 격려하거나 위로할 때는 친절하고 따뜻한 음성이 필요할 것이고, 반대로 청중을 설득해야 하거나 내가 알고 있는 정보에 대해 동기부여 할 때는 신뢰감을 부여하는 목소리가 필요합니다. 이러한 말투는 말끝을 어떻게 표현하느냐에 따라 달라진다고 생각하시면 됩니다. 말끝을 길게 끌거나 곡선으로 표현하면 부드러운 이미지를 연출할 수 있고, 말끝을 내리거나 간결하게 표현하면 신뢰감을 주는 이미지를 연출할 수 있습니다.

① 상냥한 말투

안녕하십니까

감사합니다~~~~~

밑줄 친 부분은 말끝을 살짝 올려 부드럽고 상냥하게 표현해보세요.

> 오늘은/ 상~냥한 말투에 대해/ 훈~련해볼게요. /
> 상~냥한 말투는/ 말끝을 부~드럽게, /
> 중~요한 단어는/ 천~천히 표현하면 됩니다. /
> 오~늘부터/ 상~냥한 말투로/
> 부~드러운 카리스마를/ 표~현해보세요. /

② 신뢰감 말투

안녕하십니까

감사합니다.

밑줄 친 부분은 간결하게, 파란색 부분은 힘 있고 단호하게 표현해보세요.

> 오늘은/ 신뢰감 말투에 대해/ **훈련**해볼게요. /
> 신뢰감 말투는/ 말끝을 **단호**하게, /
> **중요**한 단어는/ **힘** 있게 표현하면 됩니다. /
> 오늘부터/ 신뢰감 말투로/
> **멋진** 카리스마를/ **표현**해보세요. /

③ <u>스스로 연습하기</u>

상냥한 말투, 신뢰감 있는 말투 두 가지 모두를 연습해보세요.

스피치 주제 : 스트레스 해소법

안녕하세요. ○○○입니다.
오늘은 저의 스트레스 해소법에 대해 소개하겠습니다.
저의 스트레스 해소법은

_____

_____

_____ 입니다.

왜냐하면

_____

_____

_____ 입니다.

예를 들면

_____

_____

_____ 입니다.

그래서 저는 주로

_____

_____

_____ 해소합니다.

감사합니다.

트레이닝 5. 사투리 교정을 위한 억양훈련

앞서 배운 리듬 스피치 스킬은 스피치 전달력을 높이는 리듬을 위한 것이었다면, 이번에는 지방색이 짙은 말투를 가졌거나 사투리 교정을 원하는 분들을 위한 훈련법을 알아보도록 하겠습니다. 사투리는 고유의 억양을 가지고 있습니다. 예를 들면, 경상도 지방은 앞 글자에 강세가 있고, 전라도 지방은 말끝을 길게 끄는 특징이 있죠. 따라서 사투리를 교정하기 위해 고유의 억양을 없애는 훈련인 평조연습을 해보겠습니다. 평조란 같은 음으로 소리를 내는 것을 말합니다. 마치 기계음이 된 것처럼 한 음을 유지하다가 마지막 단어에서만 톤을 의식적으로 낮춰보시기 바랍니다.

① 평조 훈련

· 1단계 : 글자마다 음을 낮춰 표현합니다.

평/창/백/일/홍/축/제/가/ 오/는/ 2/3/일/부/터/ 10/월/ 8/일/까/지/ 열/립/니/다/.
올/해/로/ 1/9/회/를/ 맞/는/ 평/창/효/석/문/화/제/에/ 비/해/ 2/0/1/5/년/부/터/ 시/
작/된/ 백/일/홍/축/제/는/ 새/내/기/ 축/제/에/ 가/깝/습/니/다/. 하/지/만/ 100/만/ 송/
이/ 백/일/홍/이/만/든/ 바/람/에/ 출/렁/이/는/ 꽃/물/결/이/ 입/소/문/을/ 타/고/ 해/마/
다/ 더/ 많/은/ 이/들/을/ 불/러/들/입/니/다/.

· 2단계 : 어절단위로 한 음으로 읽다 마지막 글자에서 음을 낮춥니다.

평창백일홍축제가/ 오는/ 23일부터/ 10월/ 8일까지/ 열립니다/.
올해로/ 19회를/ 맞는/ 평창효석문화제에/ 비해/ 2015년부터/ 시작된/ 백일홍축제는/ 새내기/
축제에/ 가깝습니다/. 하지만/ 100만/ 송이/ 백일홍이/ 만든/ 바람에/ 출렁이는/ 꽃물결이/ 입소
문을/ 타고/ 해마다/ 더/ 많은/ 이들을/ 불러들입니다/.

· 3단계 : 한 문장 전체를 한 음으로 읽다 마지막 글자에서 음을 낮춥니다.

평창백일홍축제가 오는 23일부터 10월 8일까지 열립니다/.
올해로 19회를 맞는 평창효석문화제에 비해/
2015년부터 시작된 백일홍축제는 새내기 축제에 가깝습니다/.
하지만 100만 송이 백일홍이 만든 바람에 출렁이는 꽃물결이/
입소문을 타고 해마다 더 많은 이들을 불러들입니다/.

final 트레이닝

속도, 강조할 부분, 말투를 신경쓰며 원고를 작성하고 실제로 스피치 해봅시다.

스피치 주제 : 스피치를 잘하는 법

인사 : 안녕하세요. ○○○입니다.

주제선언 : 지금부터 제가 생각하는 스피치를 잘하는 법에 대해 발표하겠습니다.

주장 : 스피치를 잘하기 위해서는

_____

_____

_____ 입니다.

이유 : 왜냐하면

_____

_____ 입니다.

사례 : 예를 들면

_____

_____

_____

_____ 입니다.

정리 : 그래서 저 역시 스피치를 잘하기 위해서

_____

_____ 노력할 것 입니다.

마무리 인사 : 감사합니다.

스피치 주제 : 최근에 본 영화 소개하기

_____

_____

_____

_____

_____

_____

_____

_____

_____

_____

_____

_____

_____

_____

_____

_____

_____

_____

_____

_____

_____ .

_____

돌발상황에도
유연한 즉흥 스피치

돌발상황에도 유연한 즉흥 스피치

: '완벽함'보다는 '안전한' 말하기가 중요합니다.

준비하기

■ 준비하지 못했다면, 공식을 기억하라.

지금까지 기본적인 발표스킬에 대해 훈련했습니다. 크게 내용 구성, 목소리 표현법, 자신감 있는 자세 등을 배웠는데요. 이제는 실전에 적용할 일만 남았습니다. 하지만 과제발표, 프레젠테이션, 보고, 브리핑, 강의 등처럼 시간적 여유를 가지고 준비 할 수 있는 스피치 상황만 존재하는 건 아닙니다. 모임에서 자기소개를 갑자기 시키거나, 발표를 하고 예상치 못한 질문이 이어지는 등 그야말로 즉흥 스피치를 해야 하는 경우도 많습니다. 이때, 우린 더 많이 긴장하고 당황하게 되는데요. 자신의 긴장된 모습을 타인이 알아차릴 것 같은 두려움 때문에 위축되고, 또다시 불안감을 갖게 됩니다. 이러한 상황에서 어떻게 대처해야 하는지 궁금하실 것 같은데요.

결론적으로 말씀드리면, 이러한 즉흥 스피치 상황에서도 우선순위를 세우는 것이 중요합니다. 〈2 STEP 논리적으로 말하기 위한 스피치 뼈대 구성하기〉에서 제가 강조했던 우선순위 기억하시나요? '주장 – 이유 – 예시 – 정리' 이러한 공식을 머릿속에 두고 말하듯이, 즉흥 스피치 상황에서도 스피치의 목적과 상황에 맞는 공식을 기억해두면 실전에서도 활용하실 수 있습니다. 갑작스러운 스피치 상황에서도 흔들림 없이 말을 하는 사람들은 그 짧은 시간 안에 자신만의 우선순위를 머릿속에 떠올리고, 그 순서대로 말을 하는 것이죠.

■ 100점을 받으려 하지 말고, 0점을 피하는 것이 중요하다.

더불어, 즉흥 스피치에서 가장 중요하게 생각해야 하는 게 있습니다. '안전하게 말하는 것'입니다. 갑작스러운 상황이라는 건 말 그대로 한 번도 예상해 본 적도 없고, 준비해 본 적도 없는 상황입니다. 따라서 말을 하다 더 꼬일 수도 있고, 흐지부지될 수도 있습니다. 이런 경우 많은 분들은 자신의 실수를 수습하려다 보니 더 말을 길게 하는 경향이 있습니다. 그러면 더 뒤죽박죽 정리가 안 되기 마련이죠. 이때, 우리는 말을 확산시키거나 전개시키기보다는 마무리를 하려고 노력해야 합니다. 갑작스러운 스피치 상황에서 완벽하게! 또는 멋지고, 화려하게! 이러한 생각을 갖는다면, 굉장히 어려운 스피치를 할 수 있습니다. 우리는 '안전하게 끝내자'와 같은 목적을 가져야 합니다.

말을 잘 하는 사람은 시작을 잘 하는 사람이기보다는 마침표를 찍을 수 있는 사람입니다. 자신의 말을 여기서 끝내야겠다 하고 종료할 수 있는 용기가 필요합니다. 그러기 위해서는 욕심을 버리고, 안전하게 마무리하시기 바랍니다. 그것만으로도 썩 괜찮은 스피치를 할 수 있습니다.

그럼 지금부터 상황별 즉흥 스피치 대처 요령에 대해 배워보겠습니다.

상황별 즉흥 스피치 대처하기

발표 후 질의응답

　발표하는 것도 어려운데, 발표 후 질의응답시간은 우리를 더 불안하게 만드는데요. 발표는 청중에게 내가 준비한 콘텐츠를 전달하는 차원이라면, 질의응답은 청중을 더 깊게 이해시키거나 때로는 설득을 해야 하기 때문에 더 까다롭게 느껴집니다. 특히 질문하는 사람은 나보다 지식이나 경험이 많거나 높은 지위 또는 전문가들로 구성되어 있기 때문에 더 위축되기 쉬운데요. 아무리 예상 질문 리스트를 뽑아도 질문하는 사람이 궁금한 부분을 묻기 때문에 모든 것을 예측하기는 어렵습니다. 하지만, 이런 어려운 상황에서도 질의응답 요령을 알면 침착하게 대응할 수 있습니다. 함께 알아볼까요?

① 구조화하기

　구조화라는 건 조직화, 체계화를 의미하는데요. 쉽게 말하면 말하고자 하는 정보를 특성에 맞게 정리 또는 배열하는 것입니다. 순간 질문을 들었을 때, 머릿속에 굉장히 많은 생각이 떠오르다 보니, 정리가 안될 때가 있죠. 그때 효과적인 방법은 '첫째', '둘째'와 같이 순서를 정하는 것입니다.

스피치 상황 : 건설 현장 경쟁 PT 질의응답 상황

면접위원 : 본 사업에 대한 귀사의 안전관리방안에 대해 답변해주시기 바랍니다.

발표자 :

첫째, 작업자 안전교육을 철저히 하겠습니다.

정기 및 상시교육을 통해 작업자의 안전의식을 높이겠습니다.

특히 외국인 노동자에 대한 대응 매뉴얼을 만들어

철저한 작업환경을 조성하겠습니다.

둘째, 안전 관리 시스템을 구축하겠습니다.

○○법에 의거하여 시설을 안전하게 설치하고

안전전담팀 및 재난 매뉴얼을 구성하는 등

체계적인 안전 관리 시스템을 구축하겠습니다.

② 두괄식과 미괄식을 적절하게 사용하기

위 사례처럼 첫째, 둘째로 구조화하고 두괄식으로 표현하는 것은 매우 중요합니다. 발표자 입장에서는 중요한 말을 빠트리지 않게 되고, 청중 입장에서는 이해하기가 쉽기 때문입니다. 하지만, 갑작스러운 질문에 핵심이 바로 떠오르지 않을 때가 있습니다. 다시 말해 생각할 시간이 필요할 텐데요. 그때는 부연 설명이 필요합니다. 사업의 현황이나 중요성을 언급하거나 질문자의 질문을 반복하며 정리하는 시간을 갖는 것도 좋습니다.

면접위원 : 본 사업에 대한 귀사의 안전관리방안에 대해 답변해주시기 바랍니다.

발표자 :

안전관리방안에 대해 답변드리겠습니다.

최근 중대재해처벌법 시행으로 안전관리는 매우 중요합니다.

이와 관련하여 다음과 같은 방안을 시행하겠습니다.

첫째, 작업자 안전교육을 철저히 하겠습니다.

정기 및 상시교육을 통해 작업자의 안전의식을 높이겠습니다.

특히 외국인 노동자에 대한 대응 매뉴얼을 만들어

철저한 작업환경을 조성하겠습니다

둘째, 안전 관리 시스템을 구축하겠습니다.

○○법에 의거하여 시설을 안전하게 설치하고

안전전담팀 및 재난 매뉴얼을 구성하는 등

체계적인 안전 관리 시스템을 구축하겠습니다.

③ 추후 약속하기

경쟁 PT는 아니지만, 사내에서 보고를 하거나 협력업체 및 고객사 앞에서 발표를 해야 하는 경우도 있습니다. 이는 경쟁 PT처럼 평가로 이어지는 것이 아니기 때문에 조금 더 청중과 소통할 수 있는 여지가 있는데요. 이런 경우 청중 역시 자유롭게 질문을 할 수 있습니다. 그러한 질문 중에는 발표자 입장에서 잘 모르거나 정확한 확인이 필요한 경우도 있을 텐데요. 그때, 아는 척을 해서 대충 넘어간다면 신뢰가 떨어질 수 있고, 무모한 약속을 한다면 회사에 피해를 줄 수도 있습니다. 따라서 이럴 때는 지금 당장 해결하려 하지 말고, 추후로 넘기는 것이 좋습니다.

말씀하신 대로 그 부분은 정확한 사실확인이 필요할 것 같습니다.

따라서 질문하신 내용은 확인 후 보고 드리겠습니다.

요청하신 부분은 좀 더 세부적인 데이터가 필요하다고 판단됩니다.

이 부분은 자료를 보완해서 별도로 전달드리겠습니다. 이점 양해부탁드립니다.

트레이닝 2. 행사 스피치

연말이나 연초에는 많은 모임 자리가 있기 마련인데요. 그럴 때, 모임의 장이나 주요직을 맡으신 분들이라면 피할 수 없는 게 있습니다. 바로 "한 말씀 부탁드립니다."이죠. 또는 새로운 모임에서도 신입회원에게 한마디 하라는 요청도 있고요. 갑자기 자기소개를 시키기도 합니다. 철두철미하신 분이라면, '왠지 한마디 하라고 시킬 거 같은데?!' 예측하고 회심의 스피치를 준비하는 분도 있습니다. 하지만, 전혀 생각지도 못한 상황에서 한마디를 하라면? 그것도 평소 말주변도 없고, 말하는 것에 자신이 없는 상황이라면, 굉장히 난처할 수 있습니다. 사교모임이라는 특성 때문에 진지하거나 너무 무거우면 안될 것 같고, 뭔가 재밌게 말해야 할 거 같은 기분이 들죠. 또 '다른 사람들은 나를 말 잘하는 사람으로 알 텐데, 괜히 창피를 당하면 어떡하지' 하는 걱정도 있고요. 혹여 떨기라도 하면, 누군가가 나에게 '뭘 이렇게 떨어'라고 말이라도 한다면, 자존심도 상할 것 같고요. 여러 고민 때문에 더 복잡해지기만 합니다. 이럴 때, 우리는 당황스러운 감정에만 집중하기보다는 어떤 순서로 말을 할까 고민하고, 찰나 머릿속에 정리한 순서대로 차분하게 말을 이어나가야 합니다.

① 자기소개

• 핵심 키워드를 생각하기

자기소개와 같이 짧은 시간에 이뤄지는 스피치에서는 서두에서 청중의 흥미와 관심을 끄는 것이 중요합니다. 따라서 나를 소개할 수 있는 키워드나 대표적인 이미지로 스피치를 시작하면 좋습니다. 예를 들어 취미, 별명, 성격, 이름과 관련한 에피소드 등이 있습니다.

• 참여 동기를 밝혀라

동일한 목적을 가지고 만난 사람들은 서로가 어떤 이유로 이 모임 또는 단체에 참여하게 되었는지 관심이 많습니다. 서로 공감할 수 있고, 이를 통해 쉽게 친해질 수 있기 때문이죠. 따라서 자기소개의 서두에서 참여하게 된 이유나 계기를 밝히면 좋습니다.

• 포부나 바람으로 마무리하기

2 STEP에서도 결론은 "여러분들도"로 마무리했던 것 기억하시죠? 이처럼 자기소개처럼 짧은 스피치에서도 청중에게 전하는 메시지로 마무리하면 좋습니다. 모임이나 사교활동이라면 대게 행사의 성공적인 마무리 또는 가입한 모임의 발전을 기원하는 것이 될 수 있겠죠?

• 핵심 키워드 : 취미(노래)

안녕하세요, '가수 박정현' 만큼이나 노래를 잘 하는 '박정현' 입니다.

제가 진짜 노래를 잘 하는지 궁금하시죠?

학교 생활기록부에 담임선생님이 가수하면 좋겠다고 적어주셔서

어릴 적 저의 꿈은 가수였습니다.

나중에 기회가 되면 제 노래 실력을 꼭 보여드릴게요.

• 참여 동기

그동안 일만 하면서 가족을 위해 헌신하면서 살았는데요.

그러다 문득 나의 삶이 없다는 생각이 들었습니다.

그래서 남은 시간 동안은 오로지 저를 위해 시간을 쓰고 싶다는 생각을 했고요.

친구 000의 추천으로 이 자리까지 오게 되었습니다.

• 포부 및 바람

여러분들도 오늘 이 시간만큼은 스스로를 위한 시간이 되시길 바라고요.

회원님들과 좋은 인연 앞으로 이어갔으면 좋겠고요.

오늘도 소중한 추억 만들었으면 합니다. 감사합니다.

• 위의 공식을 활용해서 가상의 상황을 설정하고 '자기소개' 해보기

② 한마디 부탁드립니다

- 감사 인사

  오늘 이 자리에 참석한 청중에게 감사의 인사를 전하거나, 자신에게 이러한 자리를 마련해 준 분들에게 감사의 인사를 전합니다.

- 분위기 조성

  가벼운 주제로 청중이 이야기에 집중할 수 있도록 우호적인 분위기를 만듭니다. 위트 있는 이야기나 현장의 상황을 스케치해도 좋습니다.

- 행사 목적 및 노고 치하

  오늘의 모임 또는 행사의 취지를 언급하고 중요성을 강조합니다. 그리고 청중 또는 관계자들의 노고를 치하하고 격려해 동기부여를 해줍니다.

- 앞으로 당부

  오늘 행사의 성공적 마무리를 기원하고 앞으로의 발전 및 비전을 제시하는 등 청중에게 메시지를 건네며 마무리합니다.

안녕하십니까. OOO입니다.

• 감사 인사

먼저, 이런 자리를 마련해 주신 OOO님께 감사의 인사를 전합니다.

• 분위기 조성

행사장을 오다가 버스를 봤습니다.

인문학 강의라고 크게 붙여져 있더라고요.

인문학이 왜 이렇게 유행을 하나 잠시 생각을 해봤는데,

아마 우리 사회에서 사람에 대한 이해가 우선되지 못해 인문학을 공부로 배우는구나 싶었습니다.

• 행사 목적

오늘 각계각층 분들을 만나 소통하다 보니,

이 행사야말로 진정한 인문학 강의가 아닌가 싶습니다.

그래서 저는 여기 계신 분들과 소통하면서 많이 배우고 알아가고자 합니다.

• 앞으로 당부

여러분들도 즐거운 시간 되시길 바라고요.

오늘 이 자리를 계기로 우리 모임이 더 번창할 수 있도록

저 역시 최선을 다해 노력하겠습니다. 여러분 역시 힘을 보태주셨으면 합니다.

감사합니다.

안녕하십니까. OOO입니다.

• 감사 인사

바쁘신 와중에도 이 자리에 참석해주신 여러분께 진심으로 감사드립니다.

• 분위기 조성

무더운 더위가 지나가고

아침저녁으로 선선한 바람이 기분 좋게 하는 계절입니다.

오늘 이 행사의 분위기도 가을바람처럼 좋은 기운을 갖고 있는 것 같습니다.

• 행사 목적

오늘 이 자리는 지난 1년을 되돌아보고, 앞으로의 1년을 새롭게 계획하기 위한 자리입니다. 팬데믹 상황과 경제 불황이라는 악조건 속에서도 전 직원이 한마음이 되어 위기를 극복할 수 있었습니다.

• 앞으로 당부

돌아오는 새해에는 성장의 원년이 될 것입니다.

전 직원이 한마음 되어 넘버원이 아닌 온리원 OOO을 만듭시다.

감사합니다.

• 위의 공식을 활용해서 가상의 상황을 설정하고 '한마디' 해보기

③ 행사 진행

• 환영 인사

행사에 참석해 주신 청중, 관계자, 내외빈들에게 감사의 인사를 표합니다.

• 행사 목적

오늘 모임 또는 행사의 취지를 언급해 중요성을 강조합니다.

• 공지사항

공지사항이나 행사의 식순 등을 안내합니다.

• 마무리 인사

오늘 행사의 성공적인 마무리를 기원하거나 청중에게 건네는 메시지로 마무리합니다.

안녕하세요. OOO입니다.

• 환영 인사

날씨가 많이 쌀쌀한데
아침 일찍 오시느라 고생 많으셨습니다.

• 행사 목적

여러분도 아시다시피 오늘은 설악산으로 산행을 갑니다.
설악산은 단풍이 정말 예쁜 산으로 유명하죠?
우리 회원님들이 멋진 풍경을 보면 카메라로 찍기 바쁘신데,

사진으로 남기는 것도 좋지만, 눈으로 마음으로 감동을 만끽하셨으면 좋겠습니다.

무엇보다 안전이 제일 중요한 것 아시죠?

사고 없이 모두가 안전하고 즐거운 산행되시길 바랍니다.

• 공지사항

오늘은 신입 회원님들이 오셨습니다.

기존 회원님들이 먼저 인사 건네서

신입 회원님들이 잘 어울릴 수 있도록 도와주시기 바랍니다.

• 마무리 인사

그럼, 약 1시간 후에 도착할 예정이니 즐거운 여행길 되시기 바랍니다.

감사합니다.

• 위의 공식을 활용해서 가상의 상황을 설정하고 '행사 진행'을 해보기

④ **건배 제의**

• 스토리텔링

　스토리텔링이란 이야기를 함께 나누는 것을 말합니다. 내가 가지고 있는 경험(story)으로부터 청중의 공감을 이끌어내는 것인데요. 일상적인 사례, 자신의 에피소드, 타인에게 들은 이야기, 지식이나 정보를 인용하는 등 다양한 방식으로 활용할 수 있습니다.

• 건배 구호

　2행시, 3행시, 4행시 등 다양하게 활용하여 즐겁고 유쾌한 분위기를 유도합니다. 보통 친목을 도모하거나 긍정적인 기운을 불어넣는 메시지를 포함하도록 합니다.

• '위하여'

　크고 힘 있는 목소리로 '위하여'를 외치며 청중의 호응을 이끌어냅니다.

안녕하세요. OOO입니다.

• 스토리텔링

벌써 올 한 해도 10일 좀 남았네요.

연초에 세웠던 계획 다들 이루셨는지요.

저는 계획은 잘 세우는데,

항상 뒷심이 부족해서 올해 역시 많이 아쉬운 한 해였습니다.

그래도 여러분과 함께하는 이 시간은 아쉬움 없이 즐겁게 마무리하고 싶습니다.

• 건배 구호

그런 의미로 '마무리'라는 새 글자로 건배 제의하려고 합니다.

모두 함께 '마무리'로 운을 떼주시면 감사하겠습니다.

마! 마음먹은 것은

무! 무엇이든지

리! 이루다!

여러분 새해에는 다 이루는 한 해 되시길 바랍니다.

다같이 위하여 외치겠습니다.

• 위하여

위하여!

안녕하세요. OOO입니다.

• 스토리텔링

어제 밤늦게까지 야구를 봤습니다. 제가 야구광이거든요.

9회 말 투 아웃의 짜릿한 역전승을 보면

스트레스가 확~ 날아가고

야구장에서 목청껏 응원했는데, 그 팀이 우승을 하면

제가 팀 승리에 조금 기여한 것 같아 뿌듯하더라고요.

오늘 이 모임도 저에게는 야구를 볼 때 느끼는 진한 동지애를 느끼게 해줍니다.

이런 사이 쭉 유지하면 좋겠죠?

• 건배 구호

그래서 지금 우리 모두가 지금 이대로 영원히 가길 바라면서

건배 제의를 하겠습니다.

제가 '이대로' 하면 여러분이 '영원히' 해주세요.

• 위하여

이대로 –

영원히 –

• 건배사 멘트 참고 예시

마.무.리 : 마음먹은 것은 무엇이든 이루자!

기.숙.사 : 기분좋게 마시자! 숙취없이 마시자! 사랑하며 마시자!

당.신.멋.져 : 당당하게 신나게 멋지게 져주면서 살자

걸.걸.걸 : 더 사랑할 걸, 더 참을 걸, 더 즐길 걸

오.징.어 : 오래도록 징그럽게 어울리자

사.이.다 : 사랑하자 이 세상 다 바쳐

우.아.미 : 우아하고 아름다운 미래를 위하여

청.바.지 : 청춘은 바로 지금부터

주.전.자 : 주저하지 말고 전화주세요. 자주봅시다

통.통.통 : 의사소통. 운수대통. 만사형통

반갑다 - 친구야

나이야 - 가라

우리가 - 남이가

쨍하고 - 해뜬다

이대로 - 영원히

이대로 - 고대로

함께하면 - 멀리간다

술잔은 비우고 - 마음은 채우고

• 위의 공식을 활용해서 가상의 상황을 설정하고 '건배 제의' 해보기

_____

_____

_____

_____

_____

발표만큼이나 긴장되는 단어가 면접이 아닐까 싶습니다. 면접은 면접시험이라고 불릴 정도로 평가가 바로 이어지고, 또 취준생들에게는 인생이 달린 문제이니 떨릴 수밖에 없는 자리인데요. 간절하니까 떨리고, 중요하니까 부담이 되는 거죠. 면접을 앞두고 있다면 아마 예상 질문 리스트를 선별해서 자신만의 답변을 만들고, 이를 준비할 겁니다. 하지만, 그럼에도 면접은 예상치 못한 돌발 질문이 존재하기 마련인데요. 때로는 압박 질문이 있기도 하고, 나의 답변에 대해 계속 꼬리를 무는 구조화 면접이 있기도 합니다. 면접관은 준비한 답변을 듣기보다는 무방비한 상태에서 나의 생각과 행동 등을 보고 이를 평가하고 싶어 합니다. 예상치 못한 질문이 계속 이어진다면, 흔한 말로 멘탈까지 탈탈 털리는 느낌을 받게 되겠죠. 하지만, 면접도 공식이 있습니다. 공식을 활용해서 돌발 질문에 잘 대처한다면, 면접이라는 긴장된 상황에서도 자신감 있게 임할 수 있습니다.

① 면접관의 궁금증을 해소하자

면접을 준비해 봤다면, 역시 '두괄식'을 많이 들어봤을 겁니다. 면접은 비교적 짧은 시간 안에 이뤄지는 스피치입니다. 또한, 그 어떤 스피치보다 목적이 강한 스피치입니다. 따라서 면접관은 자신이 궁금해하는 부분이 빨리 해소되지 않으면, 쓸데없는 이야기로 인식하기 쉽습니다. 따라서 면접관이 궁금해하는 방향부터 우선적으로 해소하려는 노력을 해야 합니다. 말을 더 멋지게 하는 것보다 면접관을 이해시키는 것이 중요합니다. 이해가 돼야 설득도 가능합니다.

지원자 입장에서 하고 싶은 말

면접관 : 희망하는 업무가 아닌 다른 업무를 맡게 된다면 어떻게 할 건가요?

지원자 : 회사에서는 원하는 업무만 할 수 없다고 생각합니다. 사회생활이라는 게 자신만의 생각으로만 이뤄지는 건 아니기 때문입니다. 물론 희망하는 업무는 ○○○이지만, 그래도 다른 업무인 △△△ 업무 같은 걸 맡을 수도 있다고 생각합니다. 실제로 현직자에게 들어보니 □□□ 업무도 한다고 들었는데 이런 부분은 제가 알고 지원했습니다.

면접관 : 그래서 한다는 거예요? 안 한다는 거예요?

지원자 : …

면접관이 듣고 싶은 말

면접관 : 희망하는 업무가 아닌 다른 업무를 맡게 된다면 어떻게 할 건가요?

지원자 : 다른 업무를 맡게 되어도 저는 열심히 하겠습니다.

회사 입장에서 저의 역량이 그 부서에 더 맞는다고 판단했기 때문이라고 생각합니다.

따라서 발전할 수 있는 기회라 생각하고 성실히 근무하겠습니다.

• 아래 질문에 두괄식으로 대답해 면접관의 궁금증을 해소해보세요!

Q. 우리 부서는 야근이 많은데, 괜찮나요?

_____

_____

_____

_____

_____

_____

② 스토리로 차별화하기

면접은 지원자의 과거 경험과 현재 역량을 판단하여, 미래 역량을 예측하는 과정입니다. 따라서 면접관은 지원자의 구체적인 이야기가 듣고 싶고, 지원자는 자신의 강점을 어필하기 위해 적극적으로 노력해야 합니다. 하지만, 실제로 강점으로 내세우는 키워드들은 한정적입니다. 보통 지원한 직무에 맞춰지게 되겠죠. 예를 들어 영업사원이면 열정이나 소통 능력, 친화력 등이 주요 키워드일 것이고, 연구개발자라면 끈기, 창의력, 문제해결능력 등이 있을 겁니다. 이러한 키워드들은 모든 지원자가 강조하는 핵심 키워드입니다. 이런 상황에서 어떻게 자신을 차별화되게 어필할 수 있을까요? 바로, 스토리입니다. 나만의 구체적인 경험을 통해 강점 키워드를 이해시키고 설득하는 과정이 필요합니다.

스토리를 말하다 보면, 답변이 길어질 때가 있습니다. 따라서 스토리도 상황 – 문제 – 행동 – 결과처럼 우선순위를 세우면 좋습니다.

모호한 답변

면접관 : 본인을 뽑아야 하는 이유가 무엇인가요?

지원자 : - 빠른 적응력과 신뢰감으로 거래처와의 매출을 상승시키겠습니다.

- 저는 영업에서 필요한 분석력과 추진력을 갖추고 있습니다.

- 이러한 신뢰감을 바탕으로 회사의 발전에 이바지하겠습니다.

구체적인 답변

면접관 : 본인을 뽑아야 하는 이유가 무엇인가요?

지원자 : 저는 능동적인 자세를 가지고 있습니다.

[상황] 저는 DVD 대여 가게에서 아르바이트를 한 경험이 있습니다.

[문제] 그 당시 제품 회전율이 낮다는 문제가 있었습니다. 반납일 전에 일일이 전화를 돌려 반납을 유도했지만 효과는 미비했습니다.

[행동] 저는 고민 끝에 기한 내 반납한 고객을 위한 할인 시스템을 건의했습니다. 왜냐하면 반납 하고 새롭게 대출했을 때의 편익이 연체료를 청구하는 것보다 이익이 더 컸기 때문입니다.

[결과] 이러한 기한 반납 시스템으로 전달 대비 회수율은 80%, 매출은 115%를 달성할 수 있었습니다.

• 아래 질문에 구체적인 스토리로 답변해보세요!

Q. 갈등을 해결해 본 경험이 있나요?

③ 돌발은 짧게

면접 질문에 대한 답변을 준비하다 보면 여러 번 수정하다 보니, 답변의 완성도가 좋아지는데요. 그런데 돌발 질문도 준비된 답변처럼 완성도 있게 말하려고 하다 보면, 말이 꼬이기 쉽습니다. 따라서 준비한 답변은 '준비한 대로!', 돌발 질문은 '간결하게!'라는 다른 전략을 세워서 접근해야 합니다. 면접은 질문에 대답하는 일방향 스피치라고 생각할 수 있지만, 면접관과 소통하며 좋은 분위기를 만들어가는 과정입니다. 따라서 면접관이 묻는 것에는 정확히 답변하고, 핵심만 간결하게, 나머지는 다음 질문에서 답변하려는 노력이 필요합니다. 모든 면접관은 긴 답변을 싫어한다는 사실 꼭 기억하세요!

횡설수설 답변

면접관 : 군 생활 오래 하셨으면 상 받은 것 있나요?

지원자 : 네 처음 받은 상은 어... 이런 이유로 받았고, 두 번째 받은 상은 ~~~

면접관 : 짧게 대답하세요!

간결한 답변

면접관 : 군 생활 오래 하셨으면 상 받은 것 있나요?

지원자 : 총 8회 받았습니다.

면접관 : 그렇군요. 그중에 인상 깊은 게 있나요?

지원자 : 네, 군단장 표창입니다. 당시 00 시스템을 처음 도입해야 했습니다. 이를 위해 민간 기관에 파견을 나가 시스템에 대해 공부했고, 이를 현업에 적용시켰습니다. 이를 인정받아 표창을 받게 되었습니다.

• 아래 질문에 짧게 답변해보세요!

Q. 대학시절 프로젝트 한 경험 있나요?

_____

Q. 그 프로젝트에서 본인은 어떤 역할을 담당했나요?

_____

Q. 왜 그걸 맡게 됐나요?

_____

④ '이유'와 '보완'이 중요하다

　면접관은 '무엇'을 궁금해할 때도 있지만, '왜' 그렇게 생각하는 지도 듣고 싶어 합니다. 예를 들어 '취미가 뭐예요?'라는 질문을 생각해 보면, 무슨 취미를 가지고 있는지도 궁금하지만, 그걸 왜 하는 지도 궁금하겠죠. 그뿐만 아니라 지원자의 생각이나 가치관을 묻는 질문에는 반드시 '왜'라는 이유가 포함되어야 합니다. 특히 돌발 질문이라면 이유까지는 말하려고 노력해봅시다.

면접관 : 리더십과 팔로우십 중 어디에 가깝습니까?

지원자 : 저는 리더십에 가깝습니다.

[경험을 말해야 하는데...] 저는 프로젝트 할 때, 조장을 맡았고....

　

면접관 : 리더십과 팔로우십 중 어디에 가깝습니까?

지원자 : 저는 리더십에 가깝습니다.

[이유를 말하자] 왜냐하면, 저는 프로젝트에서 다수의 조장을 맡은 적이 있습니다. 또한, 제가 리더로서 팀을 이끌면서 좋은 결과를 많이 만들었기 때문에 저는 리더십이 있다고 생각합니다.

　면접은 자랑하라는 호의적인 질문만 나오지 않습니다. 대답하기 까다로운 질문도 많이 나옵니다. 특히 성적이 낮거나 관련 자격증이 없거나 다른 지원자들이 있는 인턴활동이나 대외활동이 없다면, 면접관 입장에서는 물어볼 수 있겠죠. 또한 졸업이 늦거나 공백 기간이 길다면, 면접관 입장에서는 꼭 물어볼 수밖에 없는 단골 질문입니다. 이럴 때는 변명을 하기보다는 인정을 하되, 어떻게 노력했는지를 말하는 것이 좋습니다. 또한, 성격의 단점이나 힘들었던 경험처럼 부정적인 답변을 해야 한다면 이를 어떻게 보완하기 위해 노력했는지, 또는 그 힘든 상황을 어떻게 극복하기 위해 노력했는지 답변을 하는 게 필요합니다.

면접관 : 성적이 왜 낮은 편인가요?

지원자 : 대외활동에 집중하다 보니, 성적관리를 소홀히 했습니다.

하지만, 3학년 때부터 저의 진로를 OO으로 설정한 이후에는 관련 자격증 공부를 병행하며 학업에 집중했고, 그 결과 성적을 향상시킬 수 있었습니다.

면접관 : 성격의 단점이 무엇인가요?

지원자 : 저는 잔걱정이 많다는 것입니다. 실수를 하지 않으려고 노력하다 보니, 일어나지도 않을 일까지 걱정하는 습관이 생겼습니다. 그래서 스스로를 피곤하게 하는 경향이 있습니다. 이를 극복하기 위해 더 철저한 계획을 세워 확신을 가지려 노력하거나 혼자 고민하기보다는 다른 사람에게 조언을 구하려고 노력하고 있습니다.

• 아래 질문에 '이유 또는 보완'을 해봅시다

Q. 본인은 기한과 완성도 중 무엇이 더 중요하다고 생각하나요?

A.＿＿＿＿＿＿＿＿＿＿＿＿＿＿＿＿＿＿＿＿＿＿＿＿＿＿＿＿＿＿

＿＿＿＿＿＿＿＿＿＿＿＿＿＿＿＿＿＿＿＿＿＿＿＿＿＿＿＿＿＿＿＿

＿＿＿＿＿＿＿＿＿＿＿＿＿＿＿＿＿＿＿＿＿＿＿＿＿＿＿＿＿＿＿＿

Q. 본인은 워라밸에 대해 어떻게 생각하나요?

A.＿＿＿＿＿＿＿＿＿＿＿＿＿＿＿＿＿＿＿＿＿＿＿＿＿＿＿＿＿＿

＿＿＿＿＿＿＿＿＿＿＿＿＿＿＿＿＿＿＿＿＿＿＿＿＿＿＿＿＿＿＿＿

＿＿＿＿＿＿＿＿＿＿＿＿＿＿＿＿＿＿＿＿＿＿＿＿＿＿＿＿＿＿＿＿

Q. 살면서 가장 잘한 일과 아쉬웠던 일 말해보세요.

A.＿＿＿＿＿＿＿＿＿＿＿＿＿＿＿＿＿＿＿＿＿＿＿＿＿＿＿＿＿＿

＿＿＿＿＿＿＿＿＿＿＿＿＿＿＿＿＿＿＿＿＿＿＿＿＿＿＿＿＿＿＿＿

＿＿＿＿＿＿＿＿＿＿＿＿＿＿＿＿＿＿＿＿＿＿＿＿＿＿＿＿＿＿＿＿

final 트레이닝

살면서 가장 당황스러웠던 스피치 상황을 떠올려보고, 그때로 다시 돌아간다면 어떻게 대처할 것인지 작성해봅시다.

• 가장 당황스러웠던 스피치 상황

_____

_____

_____

_____

_____

_____

_____

• 당시 나의 스피치 및 행동은 어땠나요?

_____

_____

_____

_____

_____

_____

_____

• 그때로 다시 돌아간다면 어떤 스피치 및 행동을 할 건가요?

_____

_____

_____

_____

_____

_____

_____

• 앞으로 갑작스러운 스피치 상황이 발생한다면 어떻게 대처할 건가요?

_____

_____

_____

_____

_____

_____

_____

_____

익숙함과 이별하기

■ 변화하기 위해서는 용기가 필요하다.

스피치를 잘하고 싶다면 실천해야 합니다. 스피치를 잘하는 사람을 보며 부러워만 하지 말고 직접 소리를 내고 몸을 움직여 스스로 변화를 경험해야 합니다. 지난 8년간 스피치 강의를 하면서 책을 출간하는 것을 꺼렸던 이유도 '스피치는 직접 훈련을 해야 한다'는 생각이 강했기 때문입니다. 그리고 지금 역시 이 책을 읽는 여러분이 단지 책 읽기 또는 지식을 채우는 수단으로만 사용할까 걱정이 됩니다.

이 말을 듣고 뜨끔한 분이 있다면 이 책을 다시 한번 읽어보며 단순히 눈으로 읽지 말고 직접 소리를 내고 거울을 보며 Step 별 훈련을 적극적으로 해보시기 바랍니다.

물론 자기 자신과의 싸움이기 때문에 훈련은 쉽지 않을 것입니다. 여러분들도 알고 계시겠지만, 성공과 실패를 결정하는 한 끗은 바로 끈기입니다. 스피치를 할 때도 머리 로는 이해가 되고 혼자 있을 때 훈련도 열심히 하지만 정작 다른 사람들 앞에서는 시도 하지 않거나 중도 포기해버리는 경우가 있습니다. 바로 끈기가 부족한 탓이죠. 스피치 를 할 때 끈기가 부족해지는 이유는 바로 익숙함을 버리지 못하기 때문입니다.

그동안 많은 수강생들의 스피치 훈련을 책임지면서 느낀 것이 하나 있습니다. 변화하지 못하게 발목을 잡는 것은 그 누구도 아닌 자기 자신이며, 스스로 익숙함을 버리지 못하면 변화할 수 없다는 것입니다.

우리가 버려야하는 익숙함이란 자연스럽고 편하게 스피치하고 싶은 마음입니다. 요즘 많은 분들이 자연스러운 스피치를 꿈꿉니다. 가식적이지 않고, 딱딱하지 않고, 넘치거나 부족하지도 않은 상태이죠. 하지만, '자연스러움'이란 단어가 갖는 모호함을 기억해야 합니다. 자연스러움은 여러분이 느끼는 자연스러움이 아니라 청중이 느끼는 자연스러움이어야 합니다. 하지만 많은 분들이 스스로의 자연스러움을 선택하고 편함을 추구하죠.

실제 사례를 들어 설명 드리면, 프레젠테이션을 할 때 한 자리에 가만히 서서 발표하는 것이 경직돼 보인다고 생각하신 분이 계십니다. 그래서 최대한 자연스러운 모습으로 발표하고 싶어 자리를 자주 이동하며 스피치를 하셨죠. 하지만 스스로는 자연스럽게 연출되고 있다고 생각할 수 있으나 제 눈에는 매우 산만하게 보였고 진지하지 못한 태도로 보였습니다.

다른 분은 아나운서처럼 또박또박 발음하는 것이 너무 딱딱해 보인다고 생각하셨습니다. 그래서 최대한 일상 대화 하는 것 같은 말투로 스피치를 했죠. 물론 아나운서처럼 말하는 것이 절대적으로 좋은 것만은 아니지만 그렇다고 어눌하게 발음하며 말하는 것이 자연스러운 것도 아닐 것입니다. 그 분의 말투는 제 눈에는 자연스러움이 아니라 웅얼거림으로 비춰졌습니다.

이처럼 여러분이 생각한 자연스러움이 다른 사람 눈에는 오히려 어눌함으로 보일 수 있습니다. 또 반대로 청중들 눈에는 자연스럽지만 여러분에게는 어색하게 느껴질 수 있죠. 실제로 어색하고 딱딱하고 부자연스럽다고 생각하는 부분은 낯설기 때문에 그렇게 느껴지는 것입니다. 처음으로 목소리를 내고 제스처를 사용하고, 한 번도 해본 적 없는 미소를 짓고, 이 모든 것이 충분히 어색하게 느껴질 수 있지만 청중 눈에는 전문적이고 자연스러워 보일 수도 있다는 점 기억하세요.

발표자는 전달자입니다. 따라서 잘 들리게 스피치를 해야 하는 역할에 충실해야 합니다. 전달이 잘되는 것이 청중 입장에서 가장 자연스러운 발표임을 기억하시기 바랍니다. 그러기 위해서 나를 버릴 수 있는 용기, 조금 어색하지만 시도해보는 용기를 가져야 합니다.

■ 여러분은 원래 스피치를 잘하는 사람입니다.

우리는 매일 말을 합니다. 하루에 말 한 마디도 안하는 사람은 거의 없을 것입니다. 정말 말할 상대가 없다면 혼잣말이라도 하게 되죠. 매일 하는 말임에도 말을 못한다고 느끼는 아이러니한 상황이죠. 하지만 저는 말을 못하는 사람은 없다고 생각합니다. 다만 자신감의 차이가 있을 뿐입니다. 많은 분들이 "저는 자신감이 없어서 스피치를 잘 못해요"라고 합니다. 정말 자신감이 없는 걸까요? 자신감을 잃어버린 걸까요?

우리는 분명 자신감을 갖고 태어났습니다. 하지만 어떠한 이유로 인해 자신감을 잠시 잃었을 뿐입니다. 스피치를 망쳤던 경험, 떨었던 경험, 머릿속이 하얘졌던 경험 등 이러한 실패경험으로 인해 자신감을 잃어버린 것이죠. 따라서 충분한 훈련과 노력을 통해 자신감을 되찾아야 합니다.

정말 자신감이 없는 사람은 이렇게 책을 사서 훈련을 하려고 시도조차 하지 않을 겁니다. 여러분은 충분히 자신감이 있는 사람입니다. 그러니 스스로를 믿고 확신을 갖고 훈련해보세요. 잠시 잊고 있었던 스피치에 대한 자신감을 회복하실 수 있을 것입니다. 저는 사람이 변화할 때 가장 아름답다고 생각합니다. 여러 성공사례를 보며 뿌듯함을 느끼기도 하지만 그들의 노력과 용기에 겸손함을 배울 수 있기 때문이죠. 여러분도 충분히 변화할 수 있으며 스피치 무대에서 충분히 아름다워질 수 있음을 기억하시기 바랍니다.

스피치 결론은 서론보다 짧아야 한다고 앞서 훈련했었죠. 마지막으로 당부의 말씀을 짧게 드리면서 마치겠습니다.

우리는 지금까지 총 8 Step의 스피치 훈련을 했습니다. Step 별로 훈련하면서 만족하는 분들도 계시겠지만 오히려 '신경 쓸 것들이 이렇게 많아?!' 하며 부담감을 느낀 분도 분명 있을 겁니다. 이 책에 서술한 내용들을 한 번에 다 흡수하려는 조급한 마음보다는 부족한 점을 하나씩 차근차근 보완하려는 여유를 가지셨으면 좋겠습니다. 짧은 시간 안에 드라마틱한 개선을 꾀하려 하다보면 지치기 마련입니다. 장기적으로 미래에 자신감으로 무장한 여러분의 모습을 그리며 천천히 발전해 나가는 건 어떨까요? '지금보다는 나아진다'는 노력의 묘미를 기억하면서 말이죠.

이상으로 [8 Step으로 완성하는 스피치 트레이닝]을 마치겠습니다.
감사합니다.

배윤희

이루다 스피치 학원 교육과정

상담문의 ☎ 서초점 02-6959-2923 / 노량진점 02-6953-2923

스피치 기본과정

주 1회, 총 8회

스피치는 더 이상 어려운 것이 아닙니다. 나만의 스토리를 기초로 논리와 감성을 더한 훈련을 통해 변화된 모습을 확인하시기 바랍니다.

교육대상

① 청중 앞에 서면 머릿속이 하얘진다.

② 콘텐츠가 부족해 말하기가 자신이 없다.

③ 심한 긴장으로 말하기에 집중이 안 된다.

④ 내성적인 성격으로 표현하는 것이 어렵다.

⑤ 논리적이고 설득력 있는 말하기를 원한다.

⑥ 간결하고 핵심 있게 말하고 싶다.

스피치 심화과정

주 1회, 총 8회

스피치에 대한 확신을 가질 수 있는 무대가 필요합니다. 여러분도 대중 앞에서 자신감 있고 당당한 모습으로 변할 수 있습니다.

교육대상

① 스피치 기본과정 수강 후 지속적인 훈련이 필요하다.

② 다수의 청중 앞에 많이 서보고 싶다.

③ 타 교육기관에서 스피치를 배웠으나 부족함을 느낀다.

④ 반복적인 스피치 훈련으로 부족한 점을 개선하고 싶다.

⑤ 발표 기회가 적어 자신감이 부족하다.

⑥ 발표할 때 떨리지는 않지만 스킬을 향상하고 싶다.

발표불안 클리닉 90분, 1회

발표불안을 해소하기 위해 집중 상담과 훈련 프로그램으로 발전해 나가는 모습을
확인할 수 있습니다. 더 이상 작아지지 마세요.

교육대상

① 스피치 기본과정 수강 전 발표불안을 해소
　하고 싶다.

② 부정적인 피드백으로 발표할 때 자신감이
　없다.

③ 심한 떨림과 울렁증으로 청중 앞에 서는 것
　이 공포스럽다.

④ 얼굴이 붉어지고 목소리 떨림 증상이 심하다.

⑤ 스피치 실패경험이 있어 발표하기 두렵다.

⑥ 스피치를 할 때 청중과 눈 맞추기가 어렵다.

프레젠테이션 주 1회, 총 8회

중요한 발표를 앞두고 전문성을 키우고 싶은 분을 위한 소수정예 과정입니다. 전문
지식과 어우러진 프레젠테이션 기술로 변화와 성공을 경험하시기 바랍니다.

교육대상

① 앞으로 프레젠테이션 기회가 있어 연습이
　필요하다.

② 중요한 발표를 앞두고 점검받고 싶다.

③ 프레젠테이션을 많이 하고 있지만 전달력
　을 높이고 싶다.

④ 프레젠테이션 기술 향상을 통해 회사에서
　인정받고 싶다.

⑤ 업무상 잦은 발표기회로 프레젠테이션에
　부담감을 느낀다.

⑥ 경쟁 PT프레젠터로 역량을 높이고 싶다.

대화스킬 과정

대화가 뚝뚝 끊기거나, 대화의 시작을 어떻게 해야 할지 모르는 분에게 추천 드립니다. 상대방을 배려하고 인정하는 대화법으로 어디서나 대화가 잘 통하는 여러분이 되시기 바랍니다.

교육대상

① 상대방과 대화를 잘하고 싶지만 방법을 모른다.

② 대화를 많이 하는 영업직에 종사하고 있다.

③ 대화를 하다보면 이야기가 자꾸 끊긴다.

④ 감정적이어서 손해를 보는 경우가 있다.

⑤ 주로 듣는 편이라 대화할 때 존재감이 없다.

⑥ 내성적이거나 소심한 성격으로 표현이 서툴다.

보이스 종합과정

누구나 매력적인 목소리를 만들 수 있습니다. 건강하고 윤기 있는 목소리로 여러분의 가치를 한층 더 높이시기 바랍니다.

교육대상

① 좋은 목소리로 개선하고 싶다.

② 웅얼거리는 목소리를 교정하고 싶다.

③ 목소리가 작고 발음도 정확하지 않다.

④ 말이 너무 빠르거나 지나치게 느리다.

⑤ 밋밋하지 않고 생동감 있는 목소리를 갖고 싶다.

⑥ 목소리의 전반적인 부분을 체계적으로 배우고 싶다.

발음교정 과정

웅얼거리는 발음이 고민이라면 정확한 조음훈련을 통해 또렷한 발음으로 거듭날 수 있습니다.

교육대상

① 웅얼거리는 발음으로 전달력이 부족하다.

② 발음만 집중적으로 훈련받고 싶다.

③ 어눌한 발음을 정확한 발음으로 만들고 싶다.

④ 발음이 좋지 않아 상대방이 잘 못 알아 듣는다.

⑤ 입을 크게 움직이지 않아 소리가 명료하지 않다.

⑥ 말을 빨리해서 뭉개지는 발음이 많다.

발음심화 과정

잘못된 습관으로 망가진 혀 짧은 발음을 훈련으로 교정할 수 있습니다.

교육대상

① 'ㅅ, ㄹ' 등 특정발음이 안 돼서 고민이다.

② 'ㅅ, ㅈ, ㅊ' 등 새는 소리를 교정하고 싶다.

③ 혀 짧은 소리를 정확하게 만들고 싶다.

④ 설소대 수술, 치아교정 등으로 발음이 명료하지 않다.

⑤ 혀의 위치를 정확히 몰라 발음이 어눌하다.

⑥ '시, 지, 치' 발음 시 침고이는 소리가 들린다.

1:1 취업면접

이력서와 자기소개서를 분석해 예상문제를 선별하고, 나만의 콘텐츠를 담은 논리적인 말하기 연습, 겸손하면서도 당당한 이미지 및 보이스 메이킹 훈련이 실시됩니다.

교육대상

① 취업면접을 앞두고 준비가 필요하다.

② 대기업이 목표인 취업준비생

③ 인성면접/직무면접(PT/토론)/임원면접을 한 번에 준비하고 싶다.

④ 중견기업, 중소기업 면접 준비생

⑤ 답변구성과 스토리 계발이 어렵다.

⑥ 면접에서 자꾸 떨어지는 이유를 해결하고 싶다.

⑦ 면접이 처음이라 전문가의 도움을 받고 싶다.

⑧ 경력직 등 이직 면접을 앞두고 있다.